Vera Peiffer
«Solotanz»

Vera Peiffer

«Solotanz»

Singles zwischen Glück und Sehnsucht

Fischer-Verlag, Münsingen-Bern

Für Bernadette Ceschi à Santa Croce

Übersetzung von Erich Keller

Published in Great Britain in 1991
by Element Books Limited,
Longmead, Shaftesbury, Dorset

3110 Münsingen-Bern
ISBN 3-85681-287-3

Inhaltsverzeichnis

Glücklichsein ist die Fähigkeit, den Dingen, die Du hast, Wert beizumessen.

Milton Erickson

Vorwort

Kurz nachdem ich mit dem Schreiben dieses Buches begonnen hatte, begann ich – nach einigen Single-Jahren – eine neue Freundschaft. Natürlich fühlte ich mich sehr glücklich. Die Beziehung schien in vieler Hinsicht sehr gut, und ich erzählte meinen Freunden lachend, daß ich mein Buch nun aus der Erinnerung schreiben müßte . . .

Aber es sollte anders kommen. Ironischerweise endete die Beziehung genau fünf Monate später, als mein Buch über Beziehungskrisen veröffentlicht wurde. Trotz meiner Niedergeschlagenheit über die Trennung mußte ich lachen.

Sie sehen also, dieses Buch wurde aufgrund eigener Erfahrung geschrieben. Und es ist nicht nur mein persönliches Erlebnis, das ich hier wiedergebe. Beim Sammeln des Materials für «Solotanz» befragte ich Männer und Frauen, die in den vergangenen sechs Monaten ohne Partner waren, und nutzte auch Fallstudien aus meiner Arbeit als analytische Hypnosetherapeutin. Das Ziel der Befragungen war, die Hauptproblembereiche alleinstehender Menschen herauszufinden und Wege aufzuzeigen, diese Schwierigkeiten zu überwinden.

Darüber hinaus enthält das Buch Beispiele von Menschen, die sich selbst als glückliche Singles betrachten. Ich war daran interessiert, von ihnen zu erfahren, warum sie sich ihrer Meinung nach als Single glücklich fühlten und welche Qualitäten und Fertigkeiten sie zu besitzen glaubten, die sie erfolgreich machten. Die Ergebnisse dieser Befragungen finden Sie in Kapitel 7.

Sie müssen nicht der «geborene» Single sein. Wir haben alle die Möglichkeit, neue Fertigkeiten zu erwerben und unsere Einstellungen zum Leben und zu uns selbst zu verbessern. Wir alle können Glück für uns selbst finden, vorausgesetzt wir sind dazu bereit, etwas dafür zu tun. Wenn es nur einem anderen Menschen auf der Welt möglich ist, können Sie es auch.

Vera Peiffer

1. Sein oder nicht sein . . .

Gott sei Dank sind die Tage vorbei, wo Sie als gesellschaftlicher Außenseiter betrachtet wurden, wenn Sie nicht verheiratet waren! Heutzutage wird akzeptiert, daß ein unverheiratetes Paar zusammenlebt oder sogar getrennte Wohnungen hat. Keiner wird die Nase rümpfen, wenn Sie in «Sünde» leben, solange Sie offensichtlich einen Partner haben. Sie werden jedoch unter Ihren Verwandten und Nachbarn wahrscheinlich weitverbreitet Sorgen auslösen, wenn Sie zu oft dabei ertappt werden, daß Sie allein ins Kino gehen.

Alleinstehende Männer tendieren dazu, mütterliche Instinkte in weiblichen Freunden anzuregen, weil ein alleinstehender Mann als hilflos wie ein Kleinkind betrachtet wird und daher dringender Aufmerksamkeit bedarf. So ist es nicht verwunderlich, daß er zu dem Zeitpunkt, wo Kochen, Waschen und Bügeln für ihn erledigt wurden, tatsächlich vergleichsweise unfähig ist, sich um sich selbst zu kümmern.

Eine alleinstehende Frau andererseits zieht diese Art von Aufmerksamkeit normalerweise nicht auf sich, weil man voraussetzt, daß sie zum Zeitpunkt, wo sie ihr Elternhaus verläßt, alle notwendigen Überlebenstechniken für die Außenwelt gelernt hat. Im Gegenteil, man beobachtet sie sehr genau, ob sie wohl irgendwelche versteckten Fehler hat – und sie muß welche haben, sonst wäre sie doch nicht noch alleinstehend, oder?

Ob Sie sich gerade von Ihrem letzten Partner getrennt haben und noch keinen neuen gefunden haben, ob Ihr Ehemann oder Ihre Ehefrau gestorben ist und Sie verwitwet zurückließ, ob Sie damit zu beschäftigt sind, Ihre Karriere aufzubauen oder ob Sie ganz einfach noch nicht den richtigen Menschen gefunden haben – es ist sehr wahrscheinlich, daß es bestimmte Zeiten in Ihrem Leben gibt, da Sie allein sind. Sie haben vielleicht sogar eine bewußte Entscheidung getroffen, allein zu bleiben. Doch was auch immer der Grund sein mag, Tatsache ist, daß Sie besondere Fertigkeiten brauchen, um allein zu leben.

Der Zweck dieses Buches ist daher nicht, darüber zu befinden, ob es nun gut oder schlecht ist, ein Single zu sein. Auch liegt mir nichts daran, Ihnen Empfehlungen zu geben, ob Sie in einer Beziehung oder Single sein sollten. Ein Single zu sein ist weder gut noch schlecht, es ist lediglich ein bestimmter Zustand, ebenso wie Ihr Leben mit einem anderen Menschen zu teilen. Nur weil Sie einen Partner haben, heißt das noch lange nicht, daß Sie glücklich sind, und ebensowenig muß das Single-Dasein Unglück bedeuten. Mit einer Beziehung sind genauso viele Probleme verbunden wie mit dem Alleinsein.

Trotzdem kann ich aufgrund meiner beruflichen Erfahrung sagen, daß es für die meisten Menschen schwieriger ist, allein zu leben. Viele Menschen würden eher in einer unbefriedigenden Beziehung bleiben als auseinanderzugehen und ihr eigenes Leben zu führen.

Obwohl es heute gesellschaftlich akzeptiert ist, solo aufzutreten, erscheint es emotional immer noch ein bedeutsames Hindernis zu sein. Tief innen herrscht immer noch die Vorstellung, ohne einen Partner nicht vollständig zu sein und daß unser Glück letztendlich von diesem einen besonderen Menschen in unserem Leben abhängt. Doch wenn Sie ganz ehrlich sind, werden Sie zugeben müssen, daß Sie sich manchmal genauso einsam fühlen können, während Sie neben Ihrem Partner im Bett lagen.

Ungeachtet dessen, ob wir in einer Beziehung sind oder nicht, müssen wir ständig daran arbeiten, unser Glück zu erlangen. Es ist riskant, sich darauf zu verlassen, daß ein anderer Mensch unserem Leben einen Sinn verleiht, denn dieser andere Mensch könnte nicht für immer uns begleiten. Die selbständige Entwicklung ist daher außerordentlich wichtig. Auf sich selbst gestellt zu sein kann für Sie die ideale Gelegenheit sein, neue Dinge auszuprobieren und neue Fähigkeiten zu erlernen. Wenn wir sicherer sind, unser eigenes Leben zu führen, fühlen wir uns besser in uns und mit uns selbst, und das wiederum macht uns attraktiver für andere.

Auch wenn Sie nur für kurze Zeit allein sind, sollten Sie die Gelegenheit nutzen, Ihren Horizont zu erweitern und zu sich selbst zu finden. Das wird sich als vorteilhaft erweisen, egal ob Sie Single bleiben oder später eine Beziehung eingehen. Sie haben immer die Wahl zwischen Aktivität und Passivität, Zufriedenheit und Unzufriedenheit. Es ist wirklich wahr: Es liegt an Ihnen, das Beste aus Ihrem Leben zu machen und ein glücklicher Single zu werden.

2. *Warum sind Sie Single?*

Grundsätzlich gibt es zwei Gruppen von Singles: diejenigen, die solo sein wollen, und diejenigen, die es nicht wollen. Keine der beiden Gruppen ist sich notwendigerweise immer so klar über ihre Absichten, und zweifellos gibt es einen gewissen Grad von Ambivalenz. Aber es ist durchaus möglich, die meisten Menschen entweder in Kategorie «freiwillige» oder «unfreiwillige» Singles einzuteilen.

Es mag überflüssig erscheinen, die freiwilligen Singles in dieses Buch einzubeziehen, da sie schließlich ihren Status freiwillig wählen. Es ist anzunehmen, daß sie als Single glücklicher sind als in einer Beziehung. Doch das ist nicht unbedingt der Fall, da die Wahl mit sich allein zu sein eine Möglichkeit der Vermeidung sein kann (was nicht sein muß). Wenn Sie Probleme mit Beziehungen haben, wollen Sie sich möglicherweise zurückziehen und sich einfach weigern, es noch einmal zu versuchen. Das ist jedoch keine besonders konstruktive Art, mit einem Problem umzugehen. Es ist, wie wenn Sie sagten: «Ich kann es nicht haben, und deshalb will ich es nicht» und sich mit dem Zweitbesten zufrieden geben. Das Problematische an dieser Einstellung ist, daß Sie Ihre eigenen Bedürfnisse nicht für sehr lange Zeit leugnen können, ohne unter den Folgen zu leiden. Es macht keinen Sinn, vorzugeben, Sie hätten intime Beziehungen aufgegeben, wenn Sie ständig daran denken.

Menschen, die eine traumatische Trennung erfahren haben, werden häufig eine Weile zu Sauertöpfen, um schließlich herauszufinden, daß es sie auch nicht glücklicher macht. Dieser Zustand zeigt sicherlich nicht ihre wahren Gefühle. Wenn Sie sich zwingen, Single zu sein, werden Sie wahrscheinlich den Preis dafür zahlen. Sie können verbittert und hart werden und sich um die Möglichkeit der Wärme und Nähe einer echten Kameradschaft bringen.

Das soll nicht bedeuten, daß es keine wirklich freiwilligen Singles gibt. Die Wille, eine Weile allein zu leben, kann eine durchaus sorgsam überlegte Entscheidung sein, um Ihr Leben neu zu ordnen. In diesem Zusammenhang kann ein Alleinsein sehr hilfreich sein, um Dinge unabhängiger zu durchdenken. Auch wenn dieser Prozeß eine Weile andauern mag, tendieren diese Menschen auf natürliche Weise dazu, sich nach einer gewissen Zeit für Beziehungen zu öffnen. Mit anderen Worten, sie sind nicht darauf versessen Singles zu bleiben, aber auf der anderen Seite suchen sie auch nicht verzweifelt nach einer Beziehung. Das ist natürlich der Idealfall – gleichermaßen glücklich mit sich selbst oder mit einem Partner zu sein.

Unglücklicherweise fallen die meisten Singles in die Kategorie der «Unfreiwilligen»: Singles, denen das Leben allein schwer fällt. Genauso wie die sauertöpfischen Singles ihr Junggesellentum als Rückzugsmöglichkeit benutzen, sehen unfreiwillige Singles Beziehungen als eine Zuflucht, die es ihnen ermöglicht, den Risiken, denen sie sich bei einem Alleinleben ausgesetzt fühlen, zu entkommen. Es muß wohl nicht gesagt werden, daß dies kein guter Ausgangspunkt für eine Beziehung ist. Diese Beziehungssüchtigen benutzen ihre Partner lediglich dazu, sich vor der Verantwortung zu drükken, Zufriedenheit und Wohlbefinden in sich selbst zu finden. Stattdessen laden sie diese Last auf ihren Partner, der dann automatisch zu den Schuldigen wird, wenn etwas schiefgeht.

Im restlichen Kapitel werde ich auf die Gründe eingehen, die dazu führen können, daß man ohne Partner bleibt. Zudem werde ich die beabsichtigten und unbeabsichtigten Situationen betrachten, in denen dies passieren kann.

Der junge Single

Die Zeit zwischen dem Teenageralter und Mitte Zwanzig ist sehr wichtig. In diesen Jahren stehen junge Menschen unter starkem gesellschaftlichem Druck, sich ihrer Altersgruppe anzupassen. Obwohl wir diese Tendenz, mit der Masse zu gehen, im späteren Leben beibehalten, erschöpft sie sich im Laufe der Jahre, wenn wir mehr Selbstvertrauen und größere Unabhängigkeit erlangen. Während der Pubertät und des frühen Erwachsenseins ist es jedoch ganz besonders wichtig, zur Gruppe zu gehören, «in» zu sein. Eine der Voraussetzungen akzeptiert zu werden ist, einen Freund oder eine Freundin zu haben. Wer keinen Partner hat, ist natürlich «out», gehört nicht dazu.

Mit jemandem ausgehen ist einer der ersten ernsthaften Schritte, das Elternhaus zu verlassen. Indem Sie sich einer Person anschließen, die nicht zu Ihrer Familie gehört, lösen Sie die Fesseln, die Sie an das Elternhaus binden. Obwohl Sie

men wird. Sexuelle Erfahrungen werden oft erfunden, um Freunden zu imponieren, was diejenigen Jugendlichen, die ohne Partner sind, dann unter noch stärkeren Druck setzt. Schließlich fühlt sich jeder, der nicht die Nerven hat etwas zu «erfinden», als Außenstehender.

Da der Gruppendruck, ob real oder eingebildet, gerade während der Zeit der Pubertät bis Anfang Zwanzig stark ist, ist das Alleinsein während dieser Zeit besonders hart. Doch Unerfahrenheit ist keine Sünde, und solange die Fähigkeit vorhanden ist, Freundschaften zu schließen, gibt es damit auch eine Möglichkeit, einen Partner zu finden. Verhaltensweisen können verbessert werden, gesellschaftliche Fertigkeiten können gelernt werden. Wenn Sie bereit sind, an sich selbst zu arbeiten, werden Sie möglicherweise einen Partner finden und auch Freude mit sich allein haben.

Geschieden

Während des aktuellen Scheidungsvorgangs sind die meisten Menschen viel zu sehr mit Sorgen belastet, was geschehen wird, wenn sie endgültig von ihrem Partner getrennt sind. Die auftauchenden praktischen und emotionalen Probleme halten Ihren Verstand beschäftigt. Sie trennen ihren gemeinsamen Besitz, ziehen aus, erzählen Freunden und Verwandten von Ihrer Trennung und versuchen erst einmal mit Ihren veränderten Lebensumständen klarzukommen.

Kindern können die Trennung sowohl leichter als auch schwieriger machen. Einerseits können Kinder eine Ablenkung sein, so daß Sie, als derjenige, der sich um sie kümmert, anfänglich keine Zeit haben, sich um Ihr eigenes Schicksal Gedanken zu machen. Da Kinder nach einer Trennung für eine lange Zeit viel Aufmerksamkeit benötigen, könnten Sie das Gefühl haben, Ihre eigenen Bedürfnisse für eine Weile zurückstellen zu müssen. Andererseits kommt eine Zeit, da Ihnen bewußt wird, daß Sie alleine sind. Sie sind nicht nur allein mit all Ihren Problemen bezüglich der Kinder, des Geldes, zu treffender Entscheidungen, des Urlaubs und Ihrer Unterhaltung im allgemeinen. Es wird Ihnen auch schmerzhaft bewußt, daß Sie nicht wie ein alleinstehender Elternteil frei und ungebunden sind. Wer will schon jemanden mit Kindern? Wird es jemals einen anderen Partner geben?

Falls Sie den ehelichen Haushalt verlassen haben, könnten Sie sich vielleicht an einem fremden Platz wiederfinden oder, wenn Sie nicht sofort einen neuen Platz gefunden haben, mit Freunden leben. Sie haben Ihr altes Territorium und Ihre alten Gewohnheiten verlassen. Gleichzeitig müssen Sie Ihre Arbeit fortsetzen, in Verbindung mit Ihrem Partner bleiben, um Details über die Scheidung abzuklären, und möglicherweise wollen Sie den Kontakt mit Ihren Kindern erhalten.

Einerseits können es Kinder erschweren, über die Trennung hinwegzukommen, weil sie eine starke Verbindung zwischen Ihrem alten Leben und Ihrem neuen Dasein als Single schaffen, und Sie sich somit niemals gänzlich von der Vergangenheit lösen können. Dies kann ein Problem sein, besonders bei einer schwierigen Scheidung und wenn Ihr einziger Zugang zu den Kindern über den Ex-Partner, den Sie überhaupt nicht mehr sehen möchten, läuft. So können Sie nicht wirklich ein freier Mensch sein, zumindest nicht im emotionalen Sinn des Wortes, auch wenn Sie Ihre Kinder und Ihren ehelichen Haushalt verlassen haben.

Doch realistisch gesehen muß gesagt werden, daß man bei vielen Paaren eine Art von Erleichterung spürt, wenn sie schließlich getrennt sind, ob Kinder vorhanden sind oder nicht.

Ein fremdartiges Gefühl überfällt Sie nach der Scheidung, weil Sie wissen, daß derjenige, mit dem Sie in der Vergangenheit zusammen waren, nun anderswo lebt. Sie wissen, daß die Möglichkeit besteht, diese Person zukünftig wieder zu sehen. Demzufolge fangen Sie an, über ihn oder sie und all die guten Zeiten, die Sie zusammen hatten, nachzudenken und beginnen sich zu wundern, warum Sie die Ehe nicht aufrechterhalten konnten.

Diese Gedanken bringen gewöhnlich eine ganze Reihe von gemischten Gefühlen mit sich. Sie gehen durch die alten Erinnerungen und empfinden Ärger über Ihren Partner wegen der Dinge, die er oder sie getan hat. Sie fühlen sich auch schuldig wegen einiger Ihrer eigenen Fehler und Unzulänglichkeiten, das schlimmste ist jedoch das Gefühl des Verlustes des Selbstvertrauens. Falls Sie der Verlassene sind, könnten Sie sich fragen, ob etwas falsch mit Ihnen ist. Könnte es sein, daß Ihr Partner Sie nicht verlassen hätte, wenn Sie intelligenter, sinnlicher oder interessanter wären? Diese Selbstzweifel sind besonders stark, wenn Ihr Partner Sie wegen eines anderen Menschen verlassen hat.

Sogar wenn Sie die Scheidung einleiteten, können Sie vom Gefühl der Unzulänglichkeit geplagt werden. Vielleicht können Sie eben die Dinge nicht richtig sehen? Vielleicht geben Sie zu schnell auf? Vielleicht bringen Sie jede Beziehung zum Scheitern?

Um die Agonie zu beenden, beginnt die Suche nach einem Ersatzpartner. Denn wenn Sie jemand anderen finden können, muß das bedeuten, daß Sie doch ein wertvoller Mensch sind. Indem Sie sich selbst beweisen, daß ein anderer Mensch Sie möchte, gibt Ihnen das die Bestätigung, mit Ihnen sei schließlich doch nichts falsch. So geht Ihre Jagd nach einem anderen Menschen los, weil eines unter keinen Umständen passieren darf: Sie dürfen nicht mit sich allein sein.

Diese Beziehungen sind selten erfolgreich, dienen Sie doch hauptsächlich der Aufbesserung des verletzten Egos des unfreiwilligen Singles. Die Wahl des Partners wird nicht von der Übereinstimmung bestimmt, sondern von der Bequemlichkeit. Deswegen sind speziell diese Beziehungen eher dazu verurteilt, fehlzuschlagen als frei gewählte. Entweder entdeckt der neue Partner, daß er nur als Lückenbüßer benutzt wird, oder der Geschiedene ist noch so sehr von seiner letzten Beziehung verwundet, daß er kein ernsthaftes Versprechen für die Zeit des Zusammenseins geben will. So wandert er von einem Partner zum anderen und sucht nach wärmender Intimität, die ihm beim Umgang mit dem Gefühl der Leere helfen wird.

Diese Möglichkeit steht jedoch nicht allen Menschen offen. Je nach Persönlichkeit, könnten Sie sich eine zeitlang unfähig fühlen, eine neue Beziehung einzugehen, sei sie ernsthaft oder oberflächlich. Einige Menschen spüren das Bedürfnis, sich von der Außenwelt zurückziehen zu müssen, wenn sie sich von der Scheidung erholen. Sie werden sich nur gelegentlich mit engen Freunden treffen, aber jegliche gesellschaftlichen Aktivitäten meiden, weil sie sich zu niedergedrückt fühlen, um ein Ausgehen auch nur zu erwägen.

Weder der Rückzug von der Welt noch die Jagd nach einer neuen Beziehung sind wirklich befriedigende Lösungen dafür, daß Sie nun auf sich allein gestellt sind. Sie sind kurzfristig verständliche Reaktionen und Teil des Trauerprozesses, der notwendig ist, um die alte Beziehung emotional zu verarbeiten. Doch wenn sie sich über Jahre erstrecken, können sie destruktiv werden. Möglicherweise müssen Sie Ihre Freude und das Gefühl der Zufriedenheit wiederentdecken. Ein entspannter Geist ist ebenso notwendig, wenn Sie eine ernsthafte Beziehung in der Zukunft aufbauen wollen. Die Zeit mit Ihnen selbst ist dazu sehr von Nutzen, damit Sie sich erlauben können, sich konstruktiv mit der Vergangenheit zu beschäftigen und dann wirklich frei für eine neue Beziehung zu sein.

Verwitwet

Es gibt viele Parallelen zwischen geschieden und verwitwet sein. Angefangen bei den praktischen Aspekten wie der Notwendigkeit, Ihre eigenen Entscheidungen zu treffen, bis zu den emotionalen Problemen von Trauer, keinen Sinn im Leben mehr zu sehen. Dazu das Gefühl des Ärgers, von Ihrem Partner «verlassen» worden zu sein. Der leidtragende Partner ist in einer Streßsituation, denn er fühlt sich unter gewaltigem Druck, ausgelöst durch die plötzliche Veränderung der Lebensumstände. Es ist, als ob die ganze Welt auf dem Kopf steht, die Zukunft plötzlich durch ein großes Loch in der Erde verschwindet und es fast keinen Grund zum Leben mehr gibt. Oftmals sind es nur die Kinder, die den Lebenswillen der Eltern erhalten.

Wie bei jedem anderen Trennungsprozeß, braucht Trauer ihre Zeit, weit über das tatsächliche Geschehen und die Vorstellung eines Außenstehenden von einer «angemessenen» Trauerzeit hinaus. Gewöhnlich erwartet man, daß Sie den Verlust nach etwa einem Jahr überwunden haben, aber das ist eine erhebliche Unterschätzung dessen, was in dem gestreßten Menschen vorgeht.

Psychologisch gesehen hat jeder Mensch seine eigene Art, mit Verlust umzugehen, und daher gibt es verschiedene Zeitspannen, die jedes Individuum für die Verarbeitung des Todes eines Partners braucht. Wenn die Beziehung nicht sehr nah war, kann das die Erholung vom Verlust einfacher machen. Das ist aber nicht immer der Fall. Selbst bei unbefriedigenden Beziehungen herrscht noch die Tendenz, die Abwesenheit des Partners zu beklagen, trotz des Gefühls der Erleichterung, das gleichzeitig auftauchen kann.

Eine ähnliche Dualität ist in intimen und glücklichen Beziehungen zu beobachten – neben der Trauer spürt man auch Ärger. Es ist fast so, als ob der Verstand den Streß der Trauer durch Ärger in Form irrationaler Gedanken ausgleichen muß, auch wenn diese scheinbar den positiven Gefühlen für den Verstorbenen zuwiderlaufen. Wenn der überlebende Partner sich dessen nicht bewußt ist, daß Ärger eine normale Begleiterscheinung des Trauerns ist, könnte er sich zusätzlich mit dem Problem des Schuldgefühls wegen schlechter Gedanken über seinen Partner belasten. Das kann schnell zu einem Teufelskreis führen, wo Depressionen durch Schuldgefühle verschlimmert werden.

Genau wie Scheidung hat ein Trauerfall einen fundamentalen Einfluß auf Ihr Leben, indem er, mit manchmal beträchtlichem Ausmaß, Ihre Perspektiven und Einstellungen verändert. Auch wenn Ihr Partner für lange Zeit krank war, ist der Tod doch ein Schock. Selbst wenn Sie wissen, daß er eingetreten ist, wird er erst einige Zeit später zur Realität. Es gibt immer noch Momente, wo Sie zu Ihrem Partner ins Arbeitszimmer eilen wollen, um ihm etwas mitzuteilen oder zur Badezimmertür sehen, die jeden Moment aufgehen muß – bis Sie plötzlich wieder realisieren, daß der andere Mensch nicht mehr da ist.

Wir wissen nie, wieviel Zeit wir mit unserem Partner haben werden. Ein Unfall passiert, Krankheit tritt ein, das Schicksal macht keinen Unterschied zwischen jungen und alten Menschen. Während ein junger Menschen die Veränderung, einen neuen Partner zu finden, übersteht, mag das älteren Menschen schwerer fallen. Auf der einen Seite gibt es mehr Frauen als Männer im Alter über 65 Jahren, was ein ungünstiges Verhältnis für die Frauen bedeutet. Ebenso mag eine ältere, leidtragende Person weniger den Willen haben, sich auf eine weitere Beziehung einzulassen. In diesem Alter haben sich Verhaltensweisen so stark verfestigt, daß eine Anpassung an die eines anderen Menschen unmöglich erscheinen mag.

Das ist jedoch nicht nur ein Problem des Alters. Sogar für junge Menschen, besonders wenn sie lange Zeit allein lebten, kann sich die Übergangsphase von ihren alten Lebensgewohnheiten zu vereinbarten neuen Verhaltensweisen mit einem Partner, zumindest am Anfang, als ein Hindernis erweisen.

Wenn sich die beiderseitigen Verhaltensweisen aufeinander eingependelt haben, läuft das Leben einfacher ab. Schließlich erscheint es so, als ob es niemals anders gewesen wäre.

In der Zwischenzeit wissen Sie jedoch nicht, was die Zukunft bringen wird. Ob geschieden, verwitwet oder irgendeine andere Art unfreiwilligen Singledaseins heißt negative Emotionen mit sich zu tragen, die diese Phase Ihres Lebens erschweren. Pessimismus macht sich breit («Ich werde *nie mehr* einen anderen Partner finden!»), und der momentane Zustand wird als ständige Einrichtung betrachtet. Das übersetzt der Betroffene mit ewigem Alleinsein und Unglücklichsein.

Es fällt uns schwer, die wechselhafte Natur des Lebens zu verstehen. Wenn wir durch harte Zeiten gehen, scheint es so, als ob wir niemals mehr glücklich werden würden – genauso wie wir während glücklicher Zeiten die schwierigen Momente vergessen, als ob sie nie existiert hätten. Je stärker die jeweiligen Gefühle sind, desto mehr verfangen wir uns in der momentanen Stimmung, egal ob sie gut oder schlecht ist.

Wenn wir einen Partner verloren haben, müssen wir einen Trauerprozeß durchlaufen. Das ist notwendig, da es ein natürlicher, emotionaler Vorgang ist, sich mit dem Geschehen auseinanderzusetzen, um es zu verarbeiten. Sie haben keine andere Wahl als eine Entscheidung zu treffen, wenn es zur Auseinandersetzung mit dem Alleinsein kommt. Anstatt sich über Ihr ungewohntes Singledasein zu sorgen, können Sie aktiv Dinge tun, die Ihr Leben erleichtern. Verwitwet zu sein ist für Sie jetzt gerade eine ungewöhnliche Situation, aber verheiratet sein war am Anfang genauso, nicht wahr? Sie haben sich an Ihr neues Leben gewöhnt, also können Sie es jetzt wieder. Wenn Sie anfangen, sich an Ihr Alleinsein zu gewöhnen, werden Sie auch seine Vorteile entdecken.

Viele unserer Ängste entstehen aus der Unkenntnis unseres eigenen Potentials. Solange wir nicht zur Veränderung gezwungen werden, werden wir nicht entdecken, welche Möglichkeiten in uns schlummern. Dieses Buch wird Ihnen helfen, Ihre versteckten emotionalen Reserven zu entdecken. Sie können diese aktivieren, um konstruktiv mit Ihren veränderten Lebensumständen umzugehen.

Freiwilliges Singledasein

Genauso wie es einigen Menschen schwerfällt zu verstehen, daß sich irgendjemand für das Alleinleben entscheiden könnte, so stößt bei anderen die Vorstellung auf Unverständnis, daß manche ihre Freiheit mit jemandem teilen wollen. Wie bereits gesagt, geht es in diesem Buch nicht um eine Bewertung irgendeines bestimmten Status. Ob Sie allein oder mit einem Partner leben wollen, wird immer eine persönliche Entscheidung und daher ein Abbild Ihrer Persönlichkeit und Ihrer speziellen Bedürfnisse in diesem Moment sein. Sie mögen herausfinden, daß sich diese Bedürfnisse nach einer Weile verändern, daran ist nichts falsch. Was in einer bestimmten Lebensphase angebracht ist, mag einige Jahre später nicht mehr für Sie passen. Es ist äußerst bedeutsam, flexibel zu bleiben und nicht Ihren eigenen Fortschritt durch rigide Regeln zu blockieren. Wie sich Lebensumstände verändern, so ist auch das Leben einem Wechsel unterworfen. Ihre Entscheidungen mögen die neue Situation in Ihre Überlegung miteinbeziehen.

Es gibt Zeiten, da es ratsam ist, Single zu bleiben. Wenn Sie gerade Ihren Partner durch Scheidung oder Tod verloren haben, brauchen Sie Zeit, um Ihren Verlust zu verarbeiten. Zu diesem Zeitpunkt sind Sie zu sehr emotional gebunden, um für eine andere ernsthafte Beziehung bereit zu sein. Das soll nicht bedeuten, daß Sie sich von anderen Menschen zurückziehen sollten. Im Gegenteil, Sie brauchen jegliche Unterstützung von Ihren Freunden. Sie werden in der Lage sein müssen, sich an andere anzulehnen. Das ist jedoch nicht die beste Einstellung für eine neue Beziehung, da Sie sowohl geben als auch nehmen können müssen, und zu diesem Zeitpunkt werden Sie nicht viel zu geben haben.

Einige Menschen beschließen, nach einer Reihe von nicht erfolgreichen Beziehungen allein zu bleiben und benutzen ihren Singlestatus als Schutzschild gegen weitere Fehlschläge. Diese Entscheidung basiert auf der Vorstellung, nicht verletzt werden zu können, solange man sich von Beziehungen fernhält.

Obwohl dies wie eine freiwillige Handlung aussieht, ist es keine wirklich freie Wahl. Die Unfähigkeit, den richtigen Partner zu wählen oder mit Schwierigkeiten in der Partnerschaft umzugehen, hinterläßt bei Ihnen das Gefühl der Frustration. Sie entscheiden sich dagegen, und die einzige Alternative scheint Ihnen, allein zu bleiben. Menschen haben die Tendenz, die dritte Möglichkeit zu übersehen, nämlich an den Schwierigkeiten zu arbeiten und herauszufinden, wie das Muster wiederholten Versagens überhaupt entstand. Wenn Sie sich immer den falschen Typen auswählen, haben Sie sicherlich auch teilweise Anteil an dem Problem! Um es noch einmal zu wiederholen: Während Sie Ihre Gedanken ordnen, kann es von Vorteil sein, allein zu sein. In diesem Zusammenhang ist es jedoch wichtig zu erwähnen, daß es solange in Ordnung ist, sich von Beziehungen zurückzuziehen, wie Sie Ihre Zeit konstruktiv nutzen. Wenn Sie nur ausziehen und schmollen, erreichen Sie gar nichts. Wenn Sie mit Ihrer Lebenssituation nicht glücklich sind, müssen Sie nach außen gehen und sie verändern. Wenn das nicht möglich ist, müssen Sie Ihre Einstellung verändern. Beides erfordert Arbeit und persönliches Engagement.

Einen wirklich glücklichen Single können Sie daran erkennen, daß ihm jeglicher Fanatismus fehlt. Er wird Ihnen weder sagen, daß das Singledasein der einzig annehmbare Weg ist, noch wird er behaupten, die einzige Rettung liege in Heirat oder Zusammenleben. Er genießt sein Leben aus vollem Herzen, aber ist offen für zukünftige Beziehungen. Er ist sich dessen klar, daß das Gras in Nachbars Garten immer grüner erscheint. Er betrachtet bewußt die Vorteile des Singledaseins, während er allein ist, genauso wie er die Vorteile einer Beziehung sieht, wenn und wann er eine hat. Es ist viel sinnvoller, die momentanen Glückserlebnisse zu zählen, als sich nach imaginären Glückszuständen zu sehnen, von denen Sie in einer fiktiven Beziehung träumen.

Es ist eine Illusion zu denken, eine Beziehung sei ein Freifahrtschein zum Glück. Das erkennen wir ganz klar, wenn wir in einer sind. Es ist, als ob unsere Erinnerung verblaßt, sobald wir ohne einen Partner sind. Statt dessen schafft sie die Illusion der Glückseligkeit mit dem idealen Partner.

Obwohl wir theoretisch verstehen, daß es Arbeit und Hingabe erfordert, eine Beziehung zu erhalten, scheinen wir uns nicht darüber im klaren zu sein, daß ebenso viel Hingabe für ein Alleinleben nötig ist, damit es uns gelingt. Auf sich selbst gestellt sein erfordert von Ihnen andere gesellschaftliche Fähigkeiten als jene, die Sie als die eine Hälfte eines Paares benötigen. Sobald Sie sich dessen bewußt sind, können Sie daran zu arbeiten beginnen, und nur wenn Sie das tun, werden Sie erfolgreich sein.

3. *Gesellschaftliches Stigma oder neuer Trend?*

Es scheint, die Gesellschaft betrachtet einen alleinstehenden Mann wohlwollender als eine alleinlebende Frau. Beim Mann setzt man voraus, daß er seine Lebensweise so gewählt hat, weil er sich noch nicht fest niederlassen will oder sich vielleicht noch «die Hörner abstoßen muß». All das wird als verständlich und «typisch männlich» angesehen. Es scheint diese Männer sogar attraktiver für einige Frauen zu machen, die deren Lebensstil wegen des Anscheins der «Marlboro-Freiheit» und Macho-Unabhängigkeit bewundern. Der männliche Single kann in vielen Frauen einen mütterlichen Instinkt zum Vorschein bringen und das Verlangen wecken, sich um ihn zu kümmern und ihn seßhaft werden zu lassen – vorzugsweise mit ihnen.

Alleinstehende Frauen anderseits scheinen weitaus weniger «attraktiv» zu sein. Nur wenige Menschen würden vermuten, daß eine Frau mit sich allein sein will, oder, wie ein Mann, den persönlichen Freiraum eines Singles *braucht*, um sich eine zeitlang umzusehen. Im Gegenteil: Wenn eine Frau allein ist, wird generell angenommen, daß sie es ist, weil sie keinen Mann kriegen *kann*. Und wenn sie sagt, daß sie keinen Mann will, muß etwas schwerwiegend falsch mit ihr sein. Das Image einer erfüllten Frau scheint sogar heute immer noch die Anwesehnheit eines Mannes zu beinhalten.

Es gibt jedoch keine Zweifel darüber, daß es eine Verschiebung hin zu größerer Freiheit hinsichtlich des Status der Ehe gegeben hat. Da Frauen durch ihr eigenes Einkommen unabhängiger werden, stehen sie weniger unter dem Druck, einen Ernährer zu finden. Das bedeutet, Frauen können wählerischer bei der Partnerwahl und in finanzieller Hinsicht freier sein, eine Beziehung aufzulösen. Wahrscheinlich gibt es deswegen, speziell in Großstädten, mehr denn je alleinstehende Frauen.

Doch für die Männer hat sich das Leben auch geändert. Auch sie sind unabhängiger geworden, was oft übersehen wird. Es gibt eine neue Generation von Männern, die sich völlig um sich selbst kümmern können. Sie können kochen, putzen, ihre eigenen Kleider kaufen und ihre eigene Wohnung einrichten. Interessanterweise scheinen viele dieser Männer auf mysteriöse Weise alle diese Fähigkeiten wieder zu verlieren, sobald sie in einer Beziehung sind!

Professionalität ist sicherlich ein Schlüssel zu mehr Möglichkeiten im Leben. Es hilft, entweder eine gute Bildung oder guten Geschäftssinn zu haben, um Unabhängigkeit zu erlangen. Wenn keines von beiden vorhanden ist, fällt man oft in die traditionellen Rollen der Hausfrau/Mutter und Ehemann/Ernährer oder neuerdings Mutter und Hausfrau mit Job und Ehemann/Verdiener. Um Freiheit zu genießen, müssen Sie finanziell unabhängig sein. Ihr Einkommen muß etwas über dem Durchschnitt sein, so daß etwas am Monatsende übrig bleibt, nachdem alle Rechnungen bezahlt sind.

Geld allein macht nicht glücklich, aber es wirkt sicherlich als angenehmer Stoßdämpfer für die Schlaglöcher auf der Straße des Lebens. Wenn Sie sich schlecht fühlen, ist es viel angenehmer, sich einen Wochenendurlaub zu gönnen, als zu Hause bleiben zu müssen, weil Sie es sich nicht leisten können, auszugehen. Vielleicht ist das Singledasein deswegen in der Mittelschicht weitgehend akzeptiert, aber in der Arbeiterklasse, wo traditionelle Werte ziemlich tief verwurzelt zu sein scheinen, noch mißbilligt. Aufgrund mangelnder Bildung oder wegen Geldmangel für eine gute Bildung gibt es nur eine begrenzte Auswahl von Berufen für die Arbeiterklasse. Dadurch wird eine finanzielle Unabhängigkeit selten erreicht, außer das Individuum macht besondere Anstrengungen, sich mehr Bildung zu verschaffen. Die Mehrheit der Menschen verbleibt jedoch in jeder Hinsicht in der gegebenen Situation, und eine der Traditionen ist, zu arbeiten, zu heiraten und Kinder zu haben. Je mehr sich Menschen an der Tradition festhalten, desto schwieriger wird es, Außenseiter zu sein. Die Heirat beruht auf Notwendigkeit und wird konsequenterweise zu einer Tugend. Jeder, der die Tradition verletzt, wird mit Argwohn betrachtet.

Die Erhaltung der Tradition ist für die oberen Klassen ebenso wichtig, doch aus völlig anderen Gründen. Dort hat es nichts mit Geldnot zu tun. Im Gegenteil, es wird zur Pflicht, ein Mitglied der selben Schicht zu heiraten, um das Erbe der beteiligten Familien weiterzugeben. Die Kinder können in die

Obhut von Erziehungspersonal gegeben werden, so daß die Eltern ein Maximum an persönlicher und beruflicher Freiheit behalten können, während sie ihren gesellschaftlichen Verpflichtungen zur Erhaltung der Tradition nachkommen.

Auch wenn es der allgemeine Trend «es alleine zu machen» zunimmt – wenigstens für ein paar Jahre unseres Lebens – scheint die grundlegende Tendenz immer noch hin zur Partnerschaft zu gehen. Auch wenn Alleinsein jetzt weithin akzeptiert wird, fühlt es sich emotional immer noch als das Zweitbeste an. Nachbarn (speziell Verheiratete) betrachten das alleinlebende Mädchen von nebenan, das sich mit niemand trifft, immer noch kritisch. Verwandte sorgen sich um ihren Jungen und den Umstand, das sich noch niemand gefunden hat, der sich um ihn kümmert. Singles sind auf der anderen Seite neidisch auf ihre verheirateten Freunde, weil sie ihnen als sicher etabliert und deswegen glücklich erscheinen.

Obwohl immer mehr Menschen ihr Leben selbstbestimmt und allein führen, wird dies noch als eine bedauernswerte Existenz angesehen. Aber ist es wirklich so bedauernswert? Ist nicht Singlesein einfach eine andere Lebensform, die ihre eigenen Vorteile und Nachteile (genauso wie eine Beziehung) hat?

Es ist vom biologischen Standpunkt durchaus verständlich, daß die Menschheit Paare bilden muß. Doch es gibt Zeiten, wo das nicht möglich ist, wo für eine Weile kein anderer Partner da ist. Es liegt an uns, wie wir diese Zeit gestalten wollen. Entweder wir machen das Beste daraus, erfreuen uns der damit verbundenen Vorteile und sind glücklich, oder wir beklagen unser Schicksal und lassen es uns gründlich schlecht gehen. Es liegt allein an uns.

Gleichgültig wie die Gesellschaft es betrachtet, das Junggesellendasein hat zweifellos seine positiven Seiten, die offensichtlich werden, wenn Sie gerade aus einer unbefriedigenden Beziehung kommen. Nadine erzählte:

> *«Die ersten Monate nach der Trennung von Georg war ich einfach glücklich. Es war für mich wunderbar, alles auf meine Weise machen zu können. Als ich mit Georg war, mußte ich auf all seine kleinen Launen Rücksicht nehmen. Er wollte die Wohung immer aufgeräumt, aber er half nie dabei. Wenn wir über Anschaffungen für die*

Wohnung, wie Vorhänge oder Möbel, entschieden, mußte er immer das letzte Wort haben. Wenn ich seiner Auffassung nicht zustimmte, schmollte er, so daß es letztlich einfacher war, einzulenken und es auf seine Weise zu machen. Es war ein wahrhaftig befreiendes Gefühl, meine eigenen Entscheidungen treffen und eigenen Wünsche erfüllen zu können. Ich hatte fast vergessen, wie das ist.»

Es ist ein angenehmes Gefühl, wenn Sie keine Kompromisse wegen jeder Kleinigkeit machen müssen, und erfreulich, sich nur nach Ihren eigenen Bedürfnissen auszurichten. Niemand um Zustimmung fragen zu müssen, nicht ins Theater zu gehen, wenn Sie nicht wollen, den ganzen Sonntag vor dem Fernseher liegen zu können – all diese Dinge sind möglicherweise Hemmungslosigkeiten, bereiten aber sicherlich viel Spaß. Dinge auf Ihre Weise zu machen, ist weniger anstrengend als sich den Wünschen eines anderen Menschen angleichen zu müssen. Für Leon würde es schwierig werden, dieses Privileg aufzugeben:

«Vor sechs Monaten kam ich aus einer Langzeitbeziehung. Sie endete ganz freundschaftlich, aber jetzt, wo der Druck gewichen ist, spüre ich den Unterschied in mir. Es ist großartig, meine Freiheit wieder zu haben. Mich nicht zu rasieren, das Wochenende herumzufaulenzen, wieder zu Fußballspielen zu gehen usw. Ich glaube, ich habe mich in der Beziehung etwas zu sehr angepaßt und vergessen, was meine Wünsche sind und was ich tun möchte. Bis jetzt genieße ich das ungeheuer und habe es nicht eilig, das aufzugeben!»

Trotz der möglichen Freiheit, scheint das Singledasein von vielen Menschen als ein gesellschaftliches Stigma angesehen zu werden. Singles sind Leute, die keinen anderen zum Heiraten gefunden haben; sie sind die Übriggebliebenen. Die anderen fragen sich, was wohl mit ihnen falsch ist. Sind sie vielleicht schwul oder lesbisch? Viele Singles versuchen durch gezielte Gespräche über frühere Freunde oder Freundinnen, besser noch Ehepartner, diese Vermutungen zu zerstreuen. Es ist ehrbarer, geschieden zu sein als niemals verheiratet gewesen zu sein. Geschieden sein bedeutet, wenigstens *eine* Person wollte Sie so sehr, um Sie zu heiraten. Damit können Sie doch gar nicht so unattraktiv sein!

Elisabeth ist eine Karrierefrau. Sie hat eine verantwortliche Position in einer Anwaltskanzlei. Mit viel Energie und harter Arbeit hat sie jetzt die Spitze der Karriereleiter erreicht. Sie ist beliebt, witzig und intelligent, aber gleichzeitig zutiefst unglücklich über den Umstand, im Alter von 35 Jahren noch unverheiratet zu sein. Selbst die schwierigsten Situationen ihrer Arbeit meistert sie, doch in bezug auf den Umgang mit Menschen im Privatleben, besonders bei Parties, fühlt sie sich unsicher. Während des Interviews erklärte sie, warum:

> *«Parties sind mein schlimmster Alptraum. Wenn ich einen Raum voller Menschen betrete, fühle ich mich wie ein Außenseiter. Alle anderen scheinen einen Partner zu haben, außer mir. Ich fühle mich merkwürdig, wenn ich mit anderen Gästen rede, weil ich sicher bin, daß sie mich für mein Alleinsein bedauern. Ich weiß, daß das Problem einfach nicht besteht, sobald ich mit einem Mann bin. Der eine Teil eines Paares zu sein, gibt mir Vertrauen und ermöglicht mir, unbeschwert mit anderen zu plaudern. Einfach deswegen, weil ich mich nicht wie eine alte Jungfer fühle.»*

Die Gefühle der Unvollkommenheit und gesellschaftlich nicht anerkannt zu sein, die in Elisabeths Geschichte offensichtlich werden, sind nicht außergewöhnlich; sie finden sich in noch sehr viel mehr Interviews, die ich mit Frauen führte.

Die Analyse der Aussagen ist jedoch problematisch, da sie nicht unbedingt Anzeichen dafür sind, wie andere Menschen die Person sehen, sondern eher wie die alleinstehende Person sich selbst sieht. Elisabeth setzt voraus, daß andere sie bedauern, und fühlt sich deswegen wie ein Außenseiter. Nicht, daß sie irgendjemand als Mensch zweiter Klasse behandelt hätte – es ist ihre Ansicht des Singlestatus. Folglich projeziert sie diese Einstellung auf andere.

Diese Projektion kann sich interessanterweise auch zu Ihrem Vorteil auswirken, vorausgesetzt Sie haben positive Erwartungen. Sonja ist ein gutes Beispiel, wie eine positive Einstellung zu einem glücklicheren Aussehen führt. Als ich

Ihre Eltern und deren Unterstützung noch brauchen, verlagert sich Ihre Priorität auf die außenstehende Person. Dies bereitet Sie darauf vor, vielleicht Ihre eigene Familie zu gründen.

Die Teenagerzeit ist für den Menschen sehr komplex und oft verwirrend, begleitet von körperlichen Veränderungen und dem Aufkeimen sexuellen Verlangens. Wenn sich das Aussehen des Jugendlichen zunehmend dem eines Erwachsenen zu ähneln beginnt, muß sich sein oder ihr gesellschaftliches Verhalten gleichzeitig verändern. Ein Teil dieser gesellschaftlichen Etikette ist es, einen erfolgreichen Weg zu finden, anziehend auf das Mädchen oder den Jungen zu wirken, die man mag. Einige Jugendliche haben eine Persönlichkeit, die ihnen das relativ problemlos erlaubt. Sie haben keine Schwierigkeiten, ihre Selbstzweifel hinter einem selbstbewußten Verhalten zu verstecken, und finden dementsprechend leicht einen Partner. Für andere Jugendliche ist das jedoch weitaus schwieriger. Scheue, gekoppelt mit Selbstzweifel und einem Mangel an gesellschaftlichen Umgangsformen, können zu Isolation führen. Mißerfolg beim Versuch, Aufmerksamkeit vom anderen Geschlecht zu erhalten, wird das Gefühl der Unzulänglichkeit noch verstärken. Die einzige Antwort darauf könnte anscheinend sein, sich ins Lernen zu vertiefen. Aber Lernen kann nicht wirklich einen Ausgleich dafür bieten, daß der Jugendliche nicht in der Lage war, einen Freund oder eine Freundin zu finden. Dieses Gefühl des Versagens hat zudem unglücklicherweise einen verstärkenden Effekt, so daß sich der junge Mensch sogar noch seltsamer, komischer fühlt und sich deswegen nicht mehr traut, einen weiteren Versuch zu unternehmen.

Die Situation löst sich meistens von selbst, wenn der Jugendliche die Schule wechselt oder zur Universität geht und demzufolge mit einer anderen Gruppe von Menschen zusammentrifft. Normalerweise bietet das die beste Möglichkeit, neu zu beginnen und «ein anderer zu sein». Da niemand weiß, daß Sie scheu und unerfahren sind, können Sie sich von einer anderen Seite zeigen. Und außerdem könnten Sie gerade aus einer Beziehung kommen, von der ansonsten alle ihre neuen Beziehungspartner bereits wüßten . . .

Grundsätzlich kann man sagen, daß das Thema Partnerschaft in dieser Altersgruppe über die Maßen wichtig genom-

sie danach befragte, wie sie sich fühlte, wenn sie allein auf Parties ging, sagte sie:

> *«Es war wirklich nie ein Problem. Es ist toll, sich schön zu schminken und richtig gut anzuziehen und dann dorthin zu gehen. Ich bin sicher, daß die Frauen, die mit ihren Ehemännern oder Freunden da sind, ein bißchen verunsichert werden, wenn sie mich sehen. Ich bin eine Art Bedrohung für sie, weil ich frei bin.»*

Hieraus können Sie ganz klar erkennen, wie sich die Sichtweise verändert. Weil Sonja *denkt*, von den anderen Frauen als Rivalin angesehen zu werden, fühlt sie sich in einer starken Position. Und doch *wissen* weder Elisabeth noch Sonja wirklich, was die anderen denken.

Wenn beide zur selben Party gingen, würden sie genau die gleiche Gruppe von Menschen treffen. Lassen Sie uns annehmen, daß die eine Hälfte der Gäste denkt, eine alleinstehende Frau sei zu bedauern, während die andere Hälfte glaubt, eine alleinstehende Frau sei aufregend. Trotz dieser Mischung von Meinungen unter den Gästen kommt Elisabeth herein und verhält sich so, *als ob sie die Gäste bedauern*, während Sonja so tut, *als ob alle anderen denken, sie sei etwas besonderes*.

Beide Frauen sind davon überzeugt, recht zu haben, aber tatsächlich hat es keine von beiden. Die einzige Tatsache ist, daß es Sonja gut und Elisabeth schlecht geht. Scheint es nicht erstrebenswert, Sonjas Sichtweise einzunehmen?

Probleme wie Furcht oder mangelndes Selbstvertrauen sind nicht so sehr ein Resultat der gesellschaftlichen Reaktion auf Ihren Status als Single, sondern eher eine Reflektion Ihres Selbstbildes, und an dem können Sie arbeiten.

Statt zu versuchen, die Einstellung der Gesellschaft zu analysieren, sollten wir unsere Zeit damit verbringen herauszufinden, was unsere eigene Sichtweise ist. Wir können andere nicht ändern, wir können nur uns selbst ändern.

4. *Die Fallgruben des Alleinseins…*

Dieses Kapitel erörtert die vom Single gewöhnlich als problematisch empfundenen Aspekte des Alleinseins, aber auch die Gegenseite, wann immer es angebracht ist. Sie bemerken, daß es immer auch eine andere Seite gibt, ob Sie es sehen wollen oder nicht. Manchmal sind wir einfach zu bequem, um hinzuschauen; manchmal sind wir zu gefangen in dem Gefühl von Selbstmitleid, um daran zu denken, daß unsere Situation auch eine positive Seite hat.

Nicht die Lebensumstände entscheiden, ob Sie glücklich oder unglücklich sind – es ist unsere Art und Weise, diese Umstände wahrzunehmen, die über unser Befinden entscheidet. Wenn Sie Probleme als Herausforderungen betrachten, verhelfen Sie sich zu einer realistischeren Sichtweise der Dinge. Situationen sind niemals nur gut oder nur schlecht, sondern beinhalten gewöhnlich beide Aspekte. Es liegt nur an uns, welche Seite wir sehen wollen.

Auch wenn einige von uns mit einer optimistischeren Persönlichkeit als andere geboren sind, so haben wir als Erwachsene doch die Kraft, an unseren Einstellungen zu arbeiten und damit eine positivere Sichtweise zu erlangen. Wir haben immer die Wahl zwischen einer positiven und negativen Sicht der Welt. Selbst wenn wir einen hinderlichen Hintergund haben, z. B. eine schwierige Kindheit oder andere widrige Umstände, können wir die positive Entscheidung treffen, professionelle Hilfe für diese Probleme zu erhalten. Niemand ist mehr dafür geeignet, Sie glücklich zu machen, als Sie selbst. Das heißt aber, daß Sie Verantwortung für sich übernehmen müssen.

Die folgenden Kapitel behandeln die verschiedenen Aspekte, welche die Hauptproblembereiche während einer Phase ohne Partner schaffen. Um diese Probleme zu lösen, müssen Sie bereit sein, neue Fertigkeiten zu erlernen und auf eine neue Weise von sich selbst und über eine Situation zu denken. Wie Sie von negativ zu positiv umschalten, werden Ihnen die nächsten Kapitel vermitteln.

Einsamkeit

Es gibt zwei Arten der Einsamkeit. Die eine ist die des Gefühls des Mangels einer tiefen, bedeutungsvollen Beziehung mit anderen Menschen; die andere ist das Gefühl innerer Leere, das aus dem Fehlen von erfüllenden Lebensinhalten entsteht. Mit beiden kann man aktiv umgehen (siehe Kapitel 6).

Die Angst vor Einsamkeit – auch als «Feind Nr. 1» bekannt – ist in vielen von uns so stark, daß wir lieber in einer langweiligen oder unerfüllenden Beziehung verharren, statt das Risiko einzugehen, uns der Möglichkeit der Einsamkeit auszusetzen. Wir würden lieber die Einsamkeit in einer Beziehung als mit uns selbst ertragen.

Es ist falsch, Alleinsein automatisch mit Einsamkeit und Partnerschaft mit dem Gefühl der Freundschaft gleichzusetzen. Das ist keineswegs immer der Fall. Um eine funktionierende Beziehung zu haben, müssen Sie Engagement für sie investieren. Als Resultat werden Sie die Gefühle der Gemeinsamkeit und Glück erzeugen. Ebenso müssen Sie etwas für Ihr Alleinsein tun, um sich mit sich selbst wohl zu fühlen. Der wichtigste und erste Schritt ist die Erkenntnis, daß Sie diese Bemühungen wert sind.

Alleinsein ist nicht dasselbe wie einsam sein. Bloß weil Sie keinen Partner haben, heißt das nicht, daß es keine anderen Menschen mehr auf der Erde gibt. Einsamkeit kann überwunden werden. Es gibt keinen Grund, in diesem Zustand zu bleiben – solange Sie es nicht stört, ihn zu verändern.

Ihr Leben wird wesentlich einfacher sein, wenn Sie die Verbindung zu alten Freunden während der Beziehung aufrechterhalten haben – oder wenn Sie niemals einen Partner hatten, im Laufe der Zeit Freunde gewonnen haben. Tiefe Freundschaften sind eine Quelle emotionaler Intimität, die nicht hoch genug eingeschätzt werden kann. Viele Menschen halten oberflächliche Freundschaften. Sie «investieren» nichts in sie, weil sie ihre Intimität für «den Mann» oder «die Frau» in ihrem Leben reservieren wollen. Das macht Sie natürlich im Fall einer Trennung von diesem Menschen verletzbar. Es macht auch alle Zeiten ohne einen Partner weniger erfreulich.

Wenn Sie Single sind, ist es wichtig, daß Ihre sozialen Kontakte sichergestellt sind. Das kann vom Sehen Ihrer

Freunde einmal in der Woche bis zu täglichen Treffen reichen. Es ist eine Sache der individuellen Vorlieben. Sie werden Ihre persönlichen Bedürfnisse herausfinden und über einen akzeptablen Zeitplan entscheiden müssen. Wir können wunderbar mit uns allein sein, vorausgesetzt, wir gleichen die Zeiten des Alleinseins mit sozialen Kontakten aus.

Es ist weder wünschenswert noch natürlich, immer allein zu sein. Wir teilen diese Welt mit anderen Menschen und brauchen diese, damit sie uns ein glückliches und erfülltes Leben ermöglichen. Aus all den Menschen um uns herum müssen wir einige Leute auswählen, die uns viel bedeuten. Gewöhnlich sind es die, welche unsere Ansichten und grundsätzlichen Prinzipien teilen. Wir neigen dazu, uns zu ihnen hingezogen zu fühlen, weil sie unser Ego stärken und unsere Selbstachtung nähren. Vereint mit unseren Freunden fühlen wir uns stark. Diejenigen, die unsere Freunde werden, können uns oft helfen, einfach, weil sie uns mögen und Gutes wünschen. Da wir sehen, daß sie uns zugetan sind, nehmen wir in schwierigen Zeiten eher ihren Ratschlag an.

Je enger die Freundschaft, desto weniger besteht die Möglichkeit der Einsamkeit. Obwohl sich Freundschaft von einer intimen, sexuellen Beziehung unterscheidet, ist sie doch eine auf Liebe basierende Beziehung, obgleich dies selten so ausgedrückt wird. Freundschaften können ein Leben lang andauern, und selbst wenn man sich nicht sehr regelmäßig sieht, ist das Gefühl der Nähe beim Treffen sofort wieder da. Nicht ständig auf Kosten von anderen leben hat auch den Vorteil, daß die Beziehung nicht unter dem gleich Streß wie beim Zusammenleben zweier Menschen steht. Das mag einer der Gründe sein, warum manche Paare beschließen, ihre eigenen Wohnungen zu behalten, auch wenn sie eine feste Beziehung haben. Es gibt selbstverständlich auch das natürliche Bedürfnis nach einer körperlichen Beziehung, was unter Umständen sehr schwer zu lösen sein kann. Einige Singles finden, sie haben das Problem gut umgangen. So sagte mir ein Single:

> *«Nachdem ich mich nach drei Jahren von meiner Freundin getrennt hatte, wollte ich für lange Zeit niemanden. Ich hatte keinen Sex, bis ich vier Jahre später mit einer anderen Frau auszugehen begann.»*

Und eine alleinstehende Frau, die nach diesem Punkt befragt wurde, sagte:

> *«Ich mag Sex, wenn ich mit jemandem zusammen bin. Wenn ich allein bin, kommt der Wunsch einfach gar nicht auf.»*

Aber so geht es nicht jedem. Menschen mit einem stärkeren Sexualtrieb finden sich in der wenig beneidenswerten Situation, mit dem Drang aber ohne Partner allein gelassen zu sein. Lassen Sie mich Ihnen versichern, dieses Problem betrifft Männer *und* Frauen und trifft für Menschen jeden Alters zu; von der 20jährigen Frau bis zum 75jährigen Rentner.

Die Frage stellt sich, was Sie in dieser Situation machen wollen. Obgleich Sie als Single nicht das Problem der Untreue einem Partner haben, ist die Lage doch trickreich. Sie wollen nicht gerade irgend jeden nehmen, besonders wenn Sie an Aids und andere Infektionskrankheiten aufgrund sexueller Kontakte denken. Manchmal mag sich eine Gelegenheit ergeben, wenn Sie jemand auf einer Party oder bei einer Geschäftsbesprechung treffen, was zu einer Liebesnacht oder sogar gelegentlichen sexuellen Beziehung führt. Das ist völlig in Ordnung, wenn beide mit den Grenzen einer rein sexuellen Beziehung glücklich sind. Probleme entstehen jedoch, wenn beide Partner auf einer lockeren Ebene beginnen, und nach einer Weile ein Partner emotional mehr beteiligt ist, während sich der andere weiterhin nicht tiefer engagiert.

Einige Frauen benutzen Sex, bewußt oder unbewußt, als ein Mittel, in das Leben eines Mannes einzutreten. Sie hoffen, daß er sich tiefer einlassen wird, wenn er sich erst einmal an ihre Anwesenheit gewöhnt hat. Aber diese Strategie schlägt oft ins Gegenteil um. Es scheint, Frauen haben die Tendenz, mit ihrem Partner emotional verwickelt zu werden, nachdem sie einige Male Sex mit ihm hatten. Männer scheinen hingegen fähig zu sein, ihre Gefühle klar vom Sexualakt selbst zu trennen. Sind Sie sich all dieser Faktoren völlig bewußt, wenn Sie sich auf eine gelegentliche, lockere Beziehung einlassen, sollten Sie auf keine Probleme stoßen – vorausgesetzt, Sie brechen nicht in ein Eheverhältnis (oder eine ähnlich enge Beziehung) ein, um den Partner für sich selbst gewinnen zu wollen.

Ob Sie sich emotional oder körperlich einsam fühlen, es ist nichts falsch daran, traurig zu sein, wenn Sie allein sind. Wir alle, ob in einer Beziehung oder als Single, haben gelegentlich dieses Gefühl der Einsamkeit und müssen es akzeptieren. Sich zu beschuldigen, wenn Sie sich depressiv fühlen, hilft nicht. Sie erreichen damit nichts, außer sich noch ein zusätzliches Problem, genannt Selbstverachtung, zu schaffen. Wenn Sie sich wegen dieser gelegentlichen Gefühle der Niedergeschlagenheit als schwach bezeichnen, sind Sie sich gegenüber nicht fair und überfordern sich selbst. Traurigkeit ist nicht unnatürlich; es ist eines von vielen Gefühlen, die wir alle erleben. Es ist kein persönlicher Fehler von Ihnen, wenn Sie sie hin und wieder einmal spüren.

Einige Menschen finden es ganz hilfreich, sich auszuweinen, wenn sie sich einsam fühlen. Andere empfinden das Gefühl als unerfreulich und ziehen es vor, sich durch Aktivitäten davon abzulenken. Bitte vergessen Sie nicht, daß es Ihnen *erlaubt* ist, so zu fühlen, egal was Sie lieber tun. Niemand ist immer voller Freude und optimistisch; jeder hat Momente der Hilflosigkeit, in denen das Leben grau und hoffnungslos erscheint. Aber bedenken Sie, daß es keinen Regenbogen ohne Regen gibt. Es gibt eine Vielzahl von Menschen, die gerne von Ihnen angesprochen werden würden, Menschen, die Ihre Freunde oder sogar Liebhaber werden können. Wenn Sie sich ihnen nicht öffnen und keinen Kontakt zu ihnen herstellen, werden Sie es nie erfahren.

Langeweile

In der Zweisamkeit können Sie sich oft ganz glücklich fühlen, einfach nur mit dem anderen Menschen zu sein, ohne immer irgendetwas besonderes zu tun. Wenn Sie jedoch allein sind, entdecken Sie plötzlich, daß Sie sich selbst unterhalten müssen. Eine schmerzhafte Lücke ist jetzt dort, wo vorher jemand war, der mit Ihnen ausging und die Abende und Wochenenden teilte.

Auf einmal verliert Ihre freie Zeit an Anziehungskraft. Vorher konnten Sie es nicht erwarten, am Abend nach der Arbeit nach Hause zu kommen oder daß Ihr Partner zurückkehrte, jetzt beginnen Sie diese ehemals geliebten Zeiten zu fürchten.

Ihre Freizeit zu planen wird jetzt mehr zur Notwendigkeit als eine zusätzliche Möglichkeit. Wenn Sie nicht selbst angenehme Dinge planen, wird nichts geschehen, da sich sonst niemand darum kümmern wird. Wie kommt es, daß es sich so viel einfacher anfühlt, wenn Sie es für sich und einen anderen tun, als nur etwas für Sie allein zu arrangieren? Es ist die Einstellung von «Na ja, es ist nur für mich», die zur Entschuldigung wird. Es ist, als ob Ihre eigenen Bedürfnisse nicht zählen, als ob sie nicht beachtenswert sind.

Das kann für junge wie für alte Menschen zum Problem werden, die niemals einen Partner hatten oder gerade aus einer Beziehung kommen. Lassen Sie uns die erste Gruppe zuerst betrachten.

In der Schule oder Universität gehören Sie zu einer Gruppe, mit der Sie sich verwandt fühlen. Sie kennen die Regeln Ihrer sozialen Umwelt, und Sie sind Teil von ihr. Es ist sehr wahrscheinlich, daß sich in dieser Gruppe zumindest einige Menschen befinden, die gemeinsame Unternehmungen, Treffen, Parties usw. organisieren, so daß Sie immer die Gelegenheit und Wahl haben, dort dabeizusein, wenn Sie es wollen. Diese Gelegenheiten werden nicht von Ihnen initiiert, sie sind einfach Teil des Gesellschaftsspiels. Sie haben lediglich das Angebot wahrgenommen, aber vielleicht haben Sie bis jetzt nicht gelernt, selbst Abwechslung oder Unterhaltung zu organisieren.

Menschen, die gerade aus einer Beziehung kommen, sehen sich oft mit ähnlichen Problemen konfrontiert. Weil mehr oder weniger ständig jemand um Sie war, haben Sie Ihren gemeinsamen Tagesablauf festgelegt, der ihre gemeinsame Zeit ausfüllte. Jetzt sind Sie mit sich allein und mit einer Routine, die nicht mehr paßt, da sie für zwei gedacht war. Mit anderen Worten: Sie fangen von vorne an. Das alte Muster ist unterbrochen, und einen Ersatz in Form eines neuen Musters gibt es nicht.

Das Schwierigste beim Überwinden von Langeweile ist, daß Sie Anstrengungen machen müssen, die nicht sofort belohnt werden. Sie mögen sich aus dem Haus geschleppt haben, um sich mit Freunden zu treffen, und dann macht Ihnen der Abend nicht wirklich Spaß, weil Sie am Geschehen nicht teilnehmen können. Sie fühlen sich mit sich allein, mit der neuen Situation unwohl und wollen einfach gehen. Dann gehen Sie nach Hause und sagen sich, daß Sie *diese* Erfahrung mit Sicherheit nicht so schnell wiederholen werden ...

Oder Sie entscheiden sich, an einem Nachmittag für ein paar Stunden eine Ausstellung zu besuchen. Wenn Sie dort ankommen, fühlen Sie sich beim Herumlaufen schrecklich auffällig und wissen nicht, was Sie mit Ihren Händen anfangen sollen. Sie dürfen nicht rauchen, waren zu geizig einen Katalog zu kaufen und gehen schnell durch die Räume. Bevor Sie sich versehen, sind Sie am Ausgang. Sie können sich nicht wirklich erinnern, was Sie gesehen haben und haben sich mit Sicherheit nicht wohl gefühlt.

An diesem Punkt geben viele Menschen auf. Sie empfinden es entweder zu anstrengend oder sind zu ängstlich, sich von ihrer Langeweile zu befreien. Die Energie, die sie verbrauchen, um sich zu unterhalten, steht in keinem Verhältnis zu dem Spaß, den sie aus ihren Anstrengungen erhalten. Vergessen Sie aber nicht, daß Sie eine völlig neue Fähigkeit erlernen, so daß es unwahrscheinlich ist, gleich zu Beginn erfolgreich zu sein.

Stellen Sie sich vor, Kleinkinder hätten Ihre Einstellung! Sie würden sagen, «Na gut, ich habe es ein paar Mal probiert, zur anderen Seite des Zimmers zu gehen. Aber es scheint mir nicht möglich zu sein, ohne hinzufallen. Ich denke nicht daran, mich noch einmal darum zu bemühen.» Wenn Sie so denken würden, wären wir eine kriechende Menschheit!

Veränderung ist unbequem; es fühlt sich sonderbar an, neue Gewohnheiten anzunehmen. Das ist normal. Halten Sie Ihr Ziel fest im Auge, konzentrieren Sie sich auf die erfreulichen Aspekte des Lebens und üben Sie weiter; bald werden Sie erste Erfolge erzielen. Lassen Sie sich nicht von einigen erfolglosen Versuchen aufhalten.

Eine realistische Erwartung ist, daß Sie zuerst eine Menge Arbeit zu leisten haben, ohne die erhofften Gegenleistungen zu erhalten. Kurzfristig kann das bedeuten, daß Sie es anfänglich schwerer haben werden, bevor sich Ihre Bemühungen auszahlen. Sie arbeiten jedoch nicht an einem kurzfristigen Projekt; Sie möchten eine Fähigkeit erwerben, auf die Sie sich in der Zukunft stützen können, die Ihnen lebenslang zur Verfügung stehen wird. Sie würden doch nicht von einer Drei-Tage-Diät träumen und erwarten, innerhalb dieser kurzen Zeit massenhaft Gewicht zu verlieren. Mit allem im Leben ist es dasselbe – Sie dürfen nicht aufgeben, um Ergebnisse zu erzielen. Es ist Zeitverschwendung, über die Ungerechtigkeit des Lebens zu klagen. Es ist weitaus besser, die Zeit aktiv zur Arbeit an den Dingen, die Sie stören, zu nutzen.

Langeweile ist ein Zeichen, daß Sie versäumt haben, Ihrem Tun eine Bedeutung zu geben. Sie tun etwas mechanisch ohne innere Beteiligung, und daher wird es Sie nicht erfüllen. Die Aktivitäten selbst haben keine Bedeutung, Sie müssen sie ihnen geben. Es ist sehr unterschiedlich, was einzelne Menschen als interessant bezeichnen. Was für den einen bedeutungsvoll ist, kann für den anderen unwichtig sein. Bügeln ist gewöhnlich wenig bedeutungsvoll, da es eine wiederkehrende Aufgabe ist, die nicht viel Befriedigung verschafft. Dagegen wird Gartenarbeit von vielen Menschen als erfüllend betrachtet, weil sie vielseitig ist und sichtbare Resultate bringt.

Wenn wir Fortschritte mit unseren Aktivitäten erzielen, befassen wir uns meistens auch mehr mit ihnen. Der Entwicklungsprozeß selbst kann die treibende Kraft hinter unseren Bemühungen werden. Wenn wir eine neue Fähigkeit erwerben, wie z. B. eine fremde Sprache erlernen, haben wir ein bestimmtes Ziel. Wir mögen es tun, um mit den Einheimischen des Urlaubsorts, zu dem wir jedes Jahr fahren, reden zu können; vielleicht wird die Beherrschung einer Fremdsprache eine Aufstiegsmöglichkeit in unserem Beruf bringen.

Das Erlernen einer Fremdsprache ist daher auf ein besonderes Objekt gerichtet, und dies gibt unseren Anstrengungen Bedeutung und Inhalt. Wenn wir uns besser in dieser Fremdsprache verständigen können, wird unser Ziel realer. Wir können immer klarer sehen, wie wir das, was wir gelernt haben, erfolgreich anwenden können. Und je mehr das passiert, desto mehr engagieren wir uns für das, was wir tun.

Wenn Sie unglücklich sind, kann es viel schwerer sein, sich in eine Sache zu vertiefen. Die Unterbrechung durch negative Gedanken macht die Konzentration auf Ihr Tun schwierig. Das kann zu dem Gefühl führen, daß Sie vor einer unerfüllbaren Aufgabe stehen. Doch vergessen Sie nicht, daß sogar einige Momente der Ablenkung wertvoll sind. Obwohl Sie eine Stunde durch eine Ausstellung geschlendert sein mögen und dies nur wenige Momente genießen konnten, haben Sie einen Anfang gemacht. Vielleicht werden sich Ihre Bemühungen auszahlen. Geben Sie also nicht auf, weil die Dinge nicht gleich perfekt sind.

Beteiligen Sie andere Menschen an Ihren Plänen. Wenn Sie Ihre Motivation erlahmen fühlen, hilft es, jemanden zu haben, der einen Anstoß gibt. Ausgehen und aktiv sein gibt Ihnen etwas zum Nachdenken und Stoff zum Reden mit anderen. Wenn Sie sich gelangweilt fühlen, können Sie leicht langweilig werden – das ist das Letzte, was Sie als Single sein wollen. Wählen Sie sich einige Interessensgebiete aus, und beginnen Sie aufzuschreiben, was Sie zu tun gedenken. Es mag entmutigend aussehen, aber wenn Sie sich daran gewöhnt haben, aktiver zu sein, werden Sie sich dadurch besser fühlen. Wenn Sie einmal den Dreh herausgefunden haben, werden Sie sich wundern, wie Sie jemals Zeit gefunden haben, sonntags Ihre Socken zu waschen.

Entscheidungen treffen

Wo sollen Sie Urlaub machen? Welche Farbe soll die Tapete in Ihrem Wohnzimmer haben? Sollen Sie einen Mitbewohner aufnehmen? Wen laden Sie zu Ihrer Party ein?

In einer Beziehung verlassen wir uns oft auf unseren Partner, diese täglichen Entscheidungen für uns zu treffen. Wenn wir allein sind, haben wir plötzlich niemanden mehr, dem wir diese Verantwortung zuschieben können.

Scheinbar gibt es bestimmte Gebiete, deren Entscheidung besonders geschlechtsabhängig ist. Farbzusammenstellungen, Haushaltgeräte oder Kleidung z. B. fallen meistens in die Kompetenz der Frau, während bei technischen oder finanziellen Fragen scheinbar Männer die Führung übernehmen.

Wenn Sie allein sind, werden Sie mit einer Reihe von Entscheidungen konfrontiert, von denen Sie glauben mögen, sie lägen außerhalb Ihres Kompetenzbereichs – das kann ein ziemlich ängstigendes Erlebnis sein. Silvia war 15 Jahre verheiratet, als ihr Ehemann Tom an einem Herzanfall starb und sie mit zwei Kindern zurückließ. Silvia war seit ihrer Heirat zu Hause und fühlte sich völlig verunsichert, als ihr klar wurde, wieviele Dinge sie nun selbst erledigen mußte, um die sich zuvor ihr Ehemann gekümmert hatte. Sie kam acht Monate nach Toms Tod zu mir und erklärte, daß sie mit der Situation nicht fertig würde. Sie kam in einem Zustand der Angst, der jedesmal an Panik grenzte, wenn eine Entscheidung getroffen werden mußte. Inmitten ihres Ärgers über ihren verstorbenen Mann, weil er sie «verlassen» hatte, und ihres Ärgers über ihre eigene Unfähigkeit, sich der neuen Situation anzupassen, sagte sie mir, sie fürchte sich so sehr davor, falsche Entscheidungen zu treffen, daß sie es vorzöge, das Problem insgesamt zu vermeiden. Ihr Selbstvertrauen, das niemals besonders stark gewesen war, begann sogar noch mehr zu schwinden, als sie bemerkte, daß sie die Kontrolle verlor.

Ihre finanzielle Situation erforderte, daß sie eine Arbeit finden mußte, wenn sie in ihrem Haus weiter leben wollte. Obwohl Silvia vor ihrer Heirat gearbeitet hatte, erfüllte sie die Vorstellung mit Entsetzen, nach außen zu gehen und nach einer solch langen Pause eine Arbeit zu finden. Würde sie nach all den Jahren wieder als Rezeptionistin arbeiten können? Würde sie die neuen Systeme verstehen können? Vielleicht war sie zu alt zum Lernen? Was wäre, wenn ihre Kolleginnen sie nicht akzeptierten? Die Probleme um einen möglichen Arbeitsplatz schienen so komplex und verwirrend, daß Silvia nicht einmal begann, irgendwelche Stellenangebote anzusehen. Gleichzeitig nahm der Druck, etwas zu unternehmen, zu, da sie wenig Geld hatte.

Silvia fand schließlich eine Arbeit und stellte fest, daß sie Freude an ihrer Arbeit hatte und es nicht so schwierig war, wie sie es erwartet hatte, obwohl sie sich sehr anstrengen mußte, eine neue Technik zu erlernen.

Silvias Fall ist zugegeben einer der dramatischeren, zeigt aber sehr klar das Dilemma, in dem Sie sich befinden könnten, wenn Sie mit einer ungewohnten Situation konfrontiert werden würden. Ob Sie sich über einen Umzug klar werden oder Ihr überzogenes Konto mit Ihrem Finanzberater bei der Bank besprechen müssen – Sie werden eine Reihe von Schritten unternehmen müssen, um eine Entscheidung zu treffen. Sie wissen bereits, was Sie zu tun haben, wenn es sich um bekannte Dinge handelt. Sie mögen sich in der Vergangenheit gänzlich um die Finanzen gekümmert haben, aber jetzt stehen Sie vor der Entscheidung des Kaufs einer Waschmaschine und können sich nicht klar werden, ob Sie eine wollen oder nicht. Denken Sie einen Moment darüber nach, wie Sie in der folgenden Situation zu einer Entscheidung kommen würden. Stellen Sie sich z. B. vor, Ihre Arbeit wäre, Menschen einzustellen. Noch bevor Sie irgendjemanden zu einem Gespräch empfangen, *bestimmen* Sie für sich ganz genau, welche Position Sie vergeben wollen. Dieser Prozeß muß abgeschlossen sein, noch bevor Sie eine Anzeige in der Zeitung aufgeben können. Dann müssen Sie die erhaltenen Bewerbungen prüfen und das was die Kandidaten zu bieten haben, mit dem, was Sie brauchen, *vergleichen*. Dann werden Sie eine Anzahl möglicher Kandidaten *auswählen* und in den Vorstellungsgesprächen mehr Details von ihnen sammeln. Schließlich *entscheiden* Sie sich für die Person, die Ihren Anforderungen am nächsten kommt.

Sie werden festgestellt haben, daß es vier verschiedene Schritte zu tun galt: 1. Sie bestimmen Ihre genauen Bedürfnisse, 2. Sie vergleichen Ihre Möglichkeiten, 3. Sie reduzieren die Möglichkeiten auf wenige Favoriten und 4., wenn Sie diese genauer betrachtet haben, entscheiden Sie sich schließlich für den, welcher Ihnen am besten paßt.

Lassen Sie uns diese Schritte auf ein bestimmtes Beispiel übertragen. Nehmen wir an, Sie haben sich endlich entschieden, Ihre sozialen Kontakte zu erweitern, und laden einige Leute zum Abendessen ein. Sie haben so etwas noch nie zuvor organisiert, weil es immer die Aufgabe Ihrer Freundin war. Das ganze Vorhaben sieht eher entmutigend aus, wenn Sie darüber nachzudenken beginnen. Wen sollen Sie fragen? Soll es eine formelle oder lockere Angelegenheit werden?

Setzen Sie sich zunächst einmal hin, und entspannen Sie sich einen Moment. Ist es Ihnen mit der Idee ernst? Dann nehmen Sie ein Blatt Papier und einen Stift. Schließen Sie Ihre Augen einen Augenblick, und stellen Sie sich mehrere Situationen vor, bevor Sie mit dem Schreiben beginnen. Visualisieren Sie ein formelles Abendessen, bei dem die Leute am Tisch sitzen. Stellen Sie sich nun ein lockeres Treffen vor, wo sich die Gäste vom Buffet selbst bedienen. Stellen Sie sich erst wenige und dann viele Menschen vor. Welche Bilder tauchen in Ihrem Geist auf? Wählen Sie jenes, das in Ihrer Vorstellung den meisten Anklang findet.

Angenommen, Sie hätten sich für ein lockeres Zusammensein mit wenigen Menschen entschieden. Sie haben jetzt genau *bestimmt*, was Sie wollen, und das beantwortet bereits eine Ihrer Fragen, nämlich ob Sie ein formelles oder ungezwungenes Treffen haben möchten. Denken Sie nun an diejenigen Menschen, die Sie gerne einladen würden, und schreiben Sie ihre Namen auf. *Vergleichen* Sie die Menschen auf Ihrer Liste, und *wählen* Sie diejenigen aus, von denen Sie glauben, daß sie am besten zu einem ungezwungenen Treffen passen. Überprüfen Sie nochmals Ihre Auswahl, und Sie werden Ihre *Entscheidung*, wen Sie einladen wollen, getroffen haben.

Jede Entscheidung ist so gut wie Ihre anfängliche Ausrichtung. Seien Sie sich im klaren darüber, was Sie wollen, und seien Sie sich sicher bei Ihrer Entscheidung, was geschehen soll. Als Organisator, der die ganze Arbeit zu tun hat, sollten Sie die Angelegenheit zu einem Ereignis machen, das Ihnen Freude bereitet. Eine Menge wertvoller Energie wird damit vergeudet herauszufinden, was andere Menschen möchten, und Entscheidungen zu treffen, die auf Annahmen beruhen, was andere erfreuen würde. Das Problem dieser Einstellung ist, daß Sie versuchen jemand zu sein, der Sie gar nicht sind, und das bedeutet, daß Sie Ihre eigenen Bedürfnisse vernachlässigen.

Aber was ist, wenn Sie sich bereits unfähig fühlen, eine grundsätzliche Planung zu machen? Einiges könnte Ihnen so fremd vorkommen, daß es Ihnen unsinnig erscheint, es zu versuchen und sich zu entscheiden. Karen erzählte mir:

> *«Solange Markus bei mir war, kümmerte er sich um alle finanziellen Angelegenheiten. Jetzt stelle ich fest, daß mein Konto hoffnungslos überzogen ist, und weiß noch nicht einmal, was die Hälfte der Abbuchungen bedeutet. Ich fühle mich in einem richtigen Dilemma, aber ich fürchte mich davor, dieses finanzielle Problem anzugehen. Ich habe mich noch nie zuvor mit so etwas beschäftigen müssen.»*

Wenn wir nicht sicher sind, wie wir ein Problem lösen sollen, versuchen wir oft, es loszuwerden, indem wir es ignorieren. Unglücklicherweise macht Vermeidung die Sache schlimmer, und irgendwann werden Sie sich mit dem Problem beschäftigen müssen. Sie werden viel eher Ruhe finden, wenn Sie so bald wie möglich etwas unternehmen. Wenn Sie sich nicht kompetent für eine Entscheidung fühlen, suchen Sie sich jemanden, der Ihnen helfen kann. Machen Sie einen Termin mit dem Finanzberater der Bank, oder bitten Sie einen Freund, Ihnen beim Klären der Sache zu helfen. Je weniger Sie Ihr Problem verstehen, desto bedrohlicher erscheint es. Wenn Sie erst einmal Ihre Lage erkannt haben, können Sie Vergleiche anstellen und dann Ihre Möglichkeiten wählen – mit oder ohne fremde Hilfe.

Es könnte sogar eine andere Person für Sie die endgültige Entscheidung treffen, aber seien Sie sich darüber im klaren, daß letztendlich Sie die Verantwortung für Ihre Wahl tragen. Das kann gut heißen, daß Sie hin und wieder eine Wahl treffen, die nicht ideal ist. Es ist aber unmöglich, immer alles richtig zu machen.

Sie treffen immer eine Entscheidung, auch wenn Sie sich weigern, sich klarzuwerden. Also können Sie sich genauso gut aktiv für die Klärung und Lösung einsetzen. Wenn Sie Verantwortung übernehmen, erhalten Sie mehr Kontrolle über Ihr Leben und werden sich dadurch besser fühlen.

Gesellschaftliches Leben

Können Sie, auch wenn Sie Parties nicht mögen, dennoch gute soziale Kontakte haben? Natürlich! Nur, weil Sie nicht von einem Fest zum anderen rasen, heißt das nicht, ein gesellschaftlicher Versager zu sein. Es gibt jede Menge Gelegenheiten, mit anderen Menschen Kontakte zu haben: Abendschulen, Vereine, Interessengruppen und andere Treffen, wo Gleichgesinnte Ihre Interessen teilen.

Wir haben, was gesellschaftliches Leben anbelangt, alle verschiedene Bedürfnisse. Einige Menschen sind ganz zufrieden mit kleinen Gruppen oder dem Gespräch mit einem Menschen. Andere brauchen Zusammenkünfte von vielen Menschen. Ob das Treffen ein Abendessen oder ein Kneipenbesuch ist, richtet sich nach den beteiligten Personen. Was zählt, ist der zwischenmenschliche Kontakt mit anderen. Es scheint jedoch schwierig zu sein, diesen Kontakt herzustellen. Es ist für Singles nicht unüblich, daß sie Angebote, mit Freunden auszugehen, ausschlagen, einfach weil es verglichen mit dem Ausgehen mit einem Partner nur die zweite Wahl ist. Oder sie haben sich schon die Idee in den Kopf gesetzt, daß sie unmöglich Spaß haben werden, wenn sie es doch tun.

Erinnern Sie sich an Elisabeth in Kapitel 3? Sie fühlte sich unwohl und gehemmt, wenn sie allein zu Parties ging, während Sonja fühlte, positive Beachtung als alleinstehende Frau zu erhalten. Beide Frauen waren intelligent, attraktiv und witzig. Beide hatten hochdotierte Arbeitsplätze und konnten eine interessante Unterhaltung führen. Aber die eine fühlte sich gut und die andere schlecht mit sich selbst.

Das einzige, was zählt, ist die Einstellung des einzelnen, und diese wirkt dann wie eine sich selbst erfüllende Prophezeiung: Sie handeln gemäß Ihren Glaubenssätzen. In Elisabeths Fall entstand eine Situation, in der sie auf einer Party erschien, gedrückt aussah und sich so verhielt. Andere Menschen erfaßten ihre Signale unterbewußt oder bewußt und behandelten sie dementsprechend. Sie schätzten sie als eine nette Person, aber irgendwie farblos ein, was wiederum ihr Selbstbild bestätigte, andere würden sie bedauern. Das ganze Erlebnis endete in einem Teufelskreis: Sie wurde noch widerwilliger, allein zur nächsten Party zu gehen.

Das gleiche funktioniert natürlich auch umgekehrt. Mit einer positiven Einstellung strahlen Sie Selbstwertgefühl aus, und das zieht andere Menschen an, was wiederum Ihr Selbstbewußtsein stärkt und Sie nach der nächsten geselligen Gelegenheit Ausschau halten läßt.

Das wichtige an einem guten gesellschaftlichen Leben für Sie als Single ist, daß es Ihnen zu einer ausgeglicheneren Sicht verhilft. Für lange Zeit völlig zurückgezogen zu leben, führt zu einer rigiden Lebensauffassung. Wir brauchen andere Menschen, um unsere Möglichkeiten und unsere Verhaltensweisen zu überprüfen, oder wir werden starr und bleiben in den selben alten Geschichten gefangen.

Andere Menschen mögen jedoch nicht immer unsere Ansichten teilen, und das kann uns ein unangenehmes Gefühl bereiten. Wir können dieses Risiko vermeiden, indem wir nur «sichere» Themen in der Unterhaltung anschneiden und unsere wahre Meinung nicht ganz offenbaren. Deswegen ist das Reden über das Wetter ein solch populärer Gesprächsstoff, um eine Unterhaltung einzuleiten. Sie können sicher Ihre Kommentare darüber abgeben, ohne etwas von sich preiszugeben. Andere «Konversationsstarter» sind Sportereignisse, Grundstückspreise, Erziehungswesen und bis zu einem gewissen Maß sogar die momentane Politik. Die Themen sind ausreichend, um eine Konversation in Gang zu halten und können oft ganz interessant sein – doch meist bleiben sie nur an der Oberfläche. Sie sind nützlich, um einen Anknüpfungspunkt zu finden, der Ihnen hilft, die andere Person näher kennenzulernen, indem Sie ihre Art zu reden, ihre Gesten, ihre Körpersprache, ihren Gesichtsausdruck usw. beobachten. Wir wissen jedoch alle, daß z. B. ein Mensch nach außen selbstbewußt wirken kann, wenn wir ihn jedoch näher kennenlernen, finden wir heraus, daß er mit sich selbst ziemlich unsicher ist. Wenn wir uns auf oberflächliche Unterhaltungen einlassen, müssen wir uns dieser Einschränkungen bewußt sein.

Wenn Ihre Sozialkontakte aus diesen netten, wenngleich oberflächlichen Begegnungen bestehen, wird Ihnen das eine ganze Weile helfen, aber sie sind kaum erfüllend. Im Ganzen gesehen, scheinen es Männer schwieriger zu finden als Frauen, über diese erste Phase der Kommunikation hinauszugehen. Wenn Sie erst einmal spüren, daß Ihr Gesprächspartner auf Ihrer Wellenlänge ist, haben Sie die Wahl, sich mehr zu öffnen. Frauen scheinen eher als Männer gewillt zu sein, hier ein Risiko einzugehen. Obwohl sich die Einstellungen verändern, sprechen viele Männer immer noch äußerst ungern über ihre Gefühle. Einige Männer, die ich interviewte, sagten, sie könnten mit Frauen über persönliche Dinge reden, wären aber nicht dazu in der Lage, genauso mit männlichen Freunden zu reden, weil sie fürchteten, ihr Gesicht zu verlieren. Männer sind sich offensichtlich ihrer Gefühle bewußter geworden, aber die alten Regeln gelten immer noch – es bedeutet für einen Mann eine Schwäche, mit anderen Männern über Gefühle zu reden. So reden sie stattdessen vom Geschäft oder diskutieren über Fußball...

Solange Sie zu *irgendjemandem* über Ihre Gefühle reden können, solange wenigstens ein Ventil für Ihre Emotionen da ist, geht es Ihnen einigermaßen gut. Gewöhnlich ist es Ihr Partner, der diese Funktion erfüllt.

Das Leben wird viel schwieriger, wenn Sie allein sind, speziell, wenn Sie es nicht gelernt haben, sich anderen zu öffnen und Freundschaften zu erhalten. Um ein erfülltes Leben als Single zu führen, werden Sie eine oder zwei dieser engen Freundschaften brauchen, damit Sie eine emotionale Basis haben, von der aus Sie agieren können.

David ist geschieden, ohne Kinder und seit zwei Jahren Single. Nachdem er das eheliche Heim verkauft hatte, zog er in seine eigene Wohnung.

> *«Als ich auszog, konnte ich damit einfach nicht umgehen. Ich trank viel zuviel und vernachlässigte meine Arbeit, aber ich hatte Gott sei Dank einen Freund von der Universität, der mir half, diese Zeit durchzustehen. Er saß da, hörte mir für Stunden zu und half mir, die Dinge wieder richtig zu sehen. Zu dieser Zeit erkannte ich, wie wichtig es ist, Freunde zu haben, mit denen man reden kann. Ich habe durch diese Erfahrung gelernt, mehr über meine Gefühle zu reden, und ich frage mich, ob Carla noch bei mir wäre, hätte ich während meiner Ehe offener sein können . . . Nun denn, nachdem ich nun angefangen habe zu reden, finde ich es viel einfacher, andere Menschen und die Gründe ihres Verhaltens zu verstehen. Es ist wirklich sehr interessant.»*

Der Wert einer engen Freundschaft wurde von vielen der befragten Singles betont. Christine erklärte ihren Standpunkt folgendermaßen:

> *«Ich fühle mich als Single ganz wohl. Es hat seine ganz bestimmten Vorteile gegenüber dem Zusammenleben mit einem anderen Menschen. Ja, natürlich hat es auch seine Schattenseiten, aber ich denke, ich komme mit ihnen ganz gut zurecht. Ich glaube, ich wäre ohne meine Freunde nicht genauso glücklich. Sie sind mir wirklich sehr wichtig. Wir brauchen einfach Menschen, die uns nahestehen, und ich könnte nicht ohne sie leben. Ich brauche diese Nähe, oder ich wäre wirklich einsam.»*

Es ist nicht notwendigerweise die Person mit den meisten Eintragungen im Adressbuch, die am glücklichsten ist. Nicht die Menge zählt, sondern die Qualität. Oberflächliche Begegnungen sind gut, solange es auch einige tiefer gehende Freundschaften in Ihrem Leben gibt. Später werde ich detaillierter darauf eingehen, wie man Freunde gewinnt und Freundschaften erhält (Kapitel 6). Es ist wichtig, diese Fähigkeiten zu erlernen, und sie werden sich auch als nützlich erweisen, wenn Sie eine neue Beziehung eingehen sollten. Es gibt viele Regeln, die auf beides, Freundschaft und intimere Beziehungen, zutreffen. Ihr gesellschaftliches Leben bedarf mehr Aufmerksamkeit, wenn Sie Single als wenn Sie in einer Beziehung sind. Kontakte mit anderen Menschen sind grundlegend wichtig, um einen guten Ausgleich zwischen Alleinsein und in Gesellschaft sein zu erhalten. Es ist es Wert, diesem Aspekt Ihres Lebens viel Aufmerksamkeit zu widmen.

Sie mögen versucht sein, Ihre Bedürfnisse nach der Gesellschaft anderer Menschen abzustreiten. Paradoxerweise passiert das oft, wenn Sie die anderen am meisten brauchen. Wenn etwas in Ihrem Leben daneben gegangen ist und Sie deprimiert sind, tendieren Sie dazu, sich zurückzuziehen und vor der Welt zu verstecken. Das ist für eine Weile absolut in Ordnung, aber Sie mögen herausfinden, daß Sie den Kontakt mit der Außenwelt verloren haben, sobald Sie sich wieder besser fühlen. Es kann sich dann komisch anfühlen, die Initiative zu ergreifen und wieder nach außen zu gehen. Werden Ihre Freunde Sie noch sehen wollen? Werden Ihnen peinliche Fragen gestellt, warum man Sie für eine Weile nicht gesehen hat? Werden Sie überhaupt noch ein Gesprächsthema haben? Wenn Ihr Kontakt mit der Außenwelt aus welchem Grund auch immer für eine Weile unterbrochen war, können diese Zweifel wirkliche Barrieren auf dem Weg zurück zu einem gesellschaftlichen Leben schaffen. Aber ich kann Ihnen versichern, daß Ihre Ängste fast immer schlimmer sind als die Realität. Ich will nicht behaupten, die Rückkehr in Ihren alten Freundeskreis würde Ihnen leicht fallen, oder Sie könnten mühelos neue Freundschaften aufbauen. Was ich sage ist, daß es der Mühe wert ist, Ihre Zurückhaltung abzulegen und sich wieder in Gesellschaft zu begeben. Niemand kann immer und ewig allein sein. In den folgenden Kapiteln werden Sie praktische Ratschläge finden, wie Sie sich ein befriedigenderes und erfüllteres Leben schaffen können. Aber vergessen Sie nicht – dieses Buch ist nur so gut wie das was Sie tun, um meine Ratschläge zu üben! Letztendlich liegt die Verantwortung für Ihr Glück in Ihren Händen, und nur in Ihren Händen!

Urlaub

Sie können es sich genau vorstellen, nicht wahr? Eine alleinstehende Frau sitzt an einem Tisch im Restaurant des Hotels und wartet darauf, bedient zu werden, fühlt sich unwohl, den Blicken aller anderer Gäste ausgesetzt, die anscheinend in kleinen Gruppen oder als Paare dort sind. Oder der Mann, der an der Bar des Ferienclubs sitzt, mehr trinkt und raucht als er eigentlich will, nur damit er etwas zu tun hat, weil er sich so unbeholfen fühlt.

Das sind die Bilder, die den meisten Menschen kommen, wenn sie sich überlegen, allein Urlaub zu machen. Um wieviel einfacher ist es, wenigsten mit *einer* anderen Person in Urlaub zu fahren! Es macht Sie scheinbar automatisch unsichtbar und unauffällig, wenn Sie in Begleitung sind. Wenn Sie jedoch den Schutz der Gruppe verlassen, scheinen Sie in den Mittelpunkt der Aufmerksamkeit zu rücken und in der Gruppe aufzufallen. Kein Wunder, daß die meisten Menschen dieses Erlebnis fürchten und um jeden Preis zu vermeiden versuchen!

Also, was machen Sie? Sie haben das ganze Jahr schwer gearbeitet und brauchen wirklich einmal Urlaub, doch können Sie sich dem Streß, sich auffällig und unwohl zu fühlen, wenn Sie sich für ein paar Wochen an der Costa del Sol oder einem Schweizer Skiort aufhalten, nicht stellen. Sie mögen die Idee, wegzufahren. Doch beim Gedanken an die praktische Seite des Alleinseins am Urlaubsort bricht Ihr Selbstvertrauen zusammen.

Wenn Sie sich besonders scheu wegen des Alleinseins draußen fühlen, könnten Sie mit einer einfachen Möglichkeit beginnen. Zuerst einmal machen Sie einen Kurzurlaub. Anstatt zwei Wochen hintereinander, zwei einzelne Wochen. Das hat den Vorteil, mehrere Pausen während des Jahres zu haben. Nebenbei haben Sie dann nur eine Woche statt zwei Wochen verloren, falls Sie der Urlaub nicht zufriedenstellt. Sie mögen auch mehrere Urlaubsmöglichkeiten ausprobieren wollen, so daß Sie feststellen können, was Ihnen am besten gefällt. Je mehr Zeiträume Ihnen dafür zur Verfügung stehen, desto eher werden Sie die Art von Urlaub finden, die Ihnen am meisten entspricht.

Auch wenn es nicht nach einem tollen Urlaub klingt, Sie könnten damit beginnen, zu Hause zu bleiben und Ausflüge zu planen, wobei Sie abends wieder nach Hause kommen. Eine gute Art von Urlaub wäre, einige Tage für zu Hause zu reservieren, um Dinge, die Sie seit langem tun wollten, zu erledigen, und Ausflüge dazwischen zu legen. Denken Sie jedoch bitte daran, daß eine Woche Renovierungsarbeiten an Ihrer Wohnung nicht als Urlaub gelten – Sie sollten mindestens die Hälfte der Zeit mit Nichtstun verbringen.

Eine gute Idee ist, Ihre Woche systematisch zu planen. Nehmen Sie sich die Zeit, eine Liste der Dinge anzulegen, die zu Hause getan werden müssen: Briefe schreiben, Möbel in Ihrem Wohnzimmer umstellen oder das Regalsystem fertigstellen. Nun legen Sie eine andere Liste der Aktivitäten, die Sie einen Tag außer Haus führen, an: Eine andere Stadt besichtigen, einen Freund treffen, aufs Land fahren, schwimmen, mit jemandem essen gehen usw. Nehmen Sie eher mehr als zuwenig in Ihre Liste auf, und suchen Sie sich das aus, was Ihnen ausreichend zusagt.

Wenn Sie beschließen, eine andere Stadt zu besuchen und Sie dort essen gehen müssen, wählen Sie für den Anfang ein kleines Restaurant. Sie werden feststellen, daß Sie automatisch einen Tisch an der Wand wählen werden, da dieser weniger ungeschützt ist als diejenigen in der Mitte. Das sollten Sie auch in Betracht ziehen, wenn Sie sich in ein Café, Restaurant oder eine Bar begeben. Hilfreich ist, etwas zu tun, während Sie warten – Postkarten oder Briefe schreiben, lesen usw. Vergegenwärtigen Sie sich, welche Signale Sie aussenden, wenn Sie lesen wollen. Beim Lesen einer Zeitung haben Sie mehr zu tun als bei einem Buch. Sie können die Seiten häufiger umblättern und brauchen sich nicht so sehr zu konzentrieren. Wenn Sie ein Buch lesen, machen Sie einen vertiefteren, studierenden und weniger entspannten Eindruck. Wenn Sie nicht angesprochen werden wollen, nehmen Sie also ein Buch und ein Stück Papier und beginnen Sätze zu unterstreichen und sich Notizen zu machen. Das ist ein sicheres Signal für jeden in Ihrer Umgebung, daß Sie beschäftigt und nicht gesprächsbereit sind. Mit einer Zeitung sind Sie flexibler. Sie können einen Artikel zu Ende lesen, dann aufschauen und sich umsehen. Auf diese Weise können Sie Augenkontakt aufnehmen und durch ein Lächeln anzeigen, daß Sie ansprechbar sind.

Bücher und Zeitungen können Ihnen helfen, Ihre anfängliche Unsicherheit, wenn Sie irgendwo allein sitzen, zu überwinden. Nutzen Sie diese Hilfen, sie helfen Ihnen, auszugehen und wenn Sie sich erst einmal sicherer fühlen, werden Sie sogar in der Lage sein aufzunehmen, was Sie lesen!

Anfänglich mag Ihnen beim Ausgehen der Aufwand größer erscheinen als die Freude, die Sie davon haben. Aber geben Sie bitte nicht auf! Es *wird* einfacher, je öfter Sie es tun. Sie werden feststellen, daß Sie sich besser auf Ihre Umgebung konzentrieren können und mehr in das vertieft sind, was Sie tun, als ständig herauszufinden, ob Sie dumm aussehen oder nicht.

Falls es Ihnen schwer fällt, Ihrem Urlaub eine Struktur zu geben, überlassen Sie es einem anderen Menschen. Wenn Sie sich z. B. für einen Aktivurlaub entscheiden, werden Sie feststellen, daß Ihr Tag zum größten Teil ausgeplant ist. Das kann ganz angenehm sein, speziell wenn es schwierig für Sie ist, nur zu faulenzen. Es ist auch entspannend, einem Hobby während des Urlaubs nachzugehen, weil kein Druck auf Ihnen lastet, auch wenn Sie sich in Ihrer Tätigkeit ziemlich hingeben mögen.

Wenn Sie nicht zu Hause sind und sich anderen Dingen als Ihrer täglichen Beschäftigung widmen, können Sie von Ihrer Arbeit und Ihren alten Gewohnheiten Abstand gewinnen. Dies ist sehr wichtig, nicht nur um neue Kräfte zu sammeln, sondern auch um Distanz herzustellen und das Leben aus einem anderen Blickwinkel zu betrachten. Solange Sie zu Hause sind, ist das schwierig, weil Ihre gewohnte Umgebung Sie auf alte Denkmuster beschränkt. Eine Weile von zu Hause wegzugehen hat den Vorteil, die Sichtweise *und* Umgebung gleichzeitig zu verändern. Haben Sie sich erst einmal von Ihren alltäglichen Problemen distanziert, können Sie alles wieder klarer sehen. Das wird ganz einfach und mühelos passieren. Aus diesem Grund ist es wichtig, einen Urlaub zu machen, besonders wenn Sie ein Single sind. Sie brauchen die Zerstreuung wie jeder andere Mensch auch. Sie sind es wert, eine schöne Zeit zu haben – machen Sie sich daher die Mühe, herauszufinden, was Sie brauchen.

Es gibt eine breite Vielfalt von Aktivurlauben. Besorgen Sie sich alle verfügbaren Prospekte und sortieren Sie diese umgehend. Teilen Sie sie auf in «mögliche» und «unakzeptable» Angebote. Die Kriterien sind nicht wirklich wichtig, folgen Sie anfangs einfach nur Ihrem Gefühl. Stehen erst einmal die Zeiten fest, wo Sie wegfahren können, und ebenso die Geldsumme, die Sie ausgeben können, gehen Sie noch einmal die «möglichen» Angebote durch und streichen Sie diejenigen, die finanziell oder zeitlich nicht möglich sind. Falls Sie mehr als eine Möglichkeit übrig haben, lassen Sie sich bei Ihrer Entscheidung von Ihrer Vorstellung leiten.

Ich möchte Ihnen erklären, wie Sie das machen. Angenommen, Sie können sich nicht entscheiden, ob Sie einen Urlaub mit einem Malkurs oder mit dem Fahrrad machen sollen. Setzen Sie sich hin und schließen Sie Ihre Augen. Denken Sie nun an die erste Möglichkeit und stellen Sie sich vor, Sie malten. Bleiben Sie einige Minuten bei den Bildern oder Ihren Gefühlen in diesem Urlaub und registrieren Sie, wie Sie sich fühlen, wenn Sie malen. Jetzt machen Sie das selbe mit der zweiten Möglichkeit. Sie sehen sich radeln und beobachten wieder, wie Sie sich bei dieser Vorstellung fühlen. Was «fühlt» sich besser an, wenn Sie darüber nachdenken? Sie mögen überrascht sein, bei was Sie sich besser fühlen, wenn Sie die beiden Filme in Ihrem Geist vorüberziehen lassen. Es ist sinnvoll, Ihrer inneren Stimme zu folgen, wenn Sie Ihre endgültige Entscheidung treffen. Wir haben alle einen sehr verläßlichen sechsten Sinn in uns, warum sollen wir ihn nicht nutzen? Alles was Sie tun müssen ist, sich zu entspannen, zuzuhören was in Ihnen vorgeht, und Sie werden nichts Falsches entscheiden.

Ein Aktivurlaub hat den weiteren Vorteil, daß Sie Teil einer Gruppe von Menschen mit gemeinsamen Interessen werden. Das macht es viel einfacher, mit anderen zu reden. Haben Sie je bemerkt, wie einfach es für Mütter mit Kleinkindern oder Menschen mit Hunden ist, miteinander zu reden? Es scheint eine öffentlich anerkannte, wenn auch inoffizielle Regel zu sein, daß Sie jeden gänzlich Fremden vorbehaltlos ansprechen können, wenn es um gemeinsame Interessen geht. Der Kontakt wird dadurch legitimiert, daß die andere Person genauso wie Sie ein Motorrad fährt, joggt oder einen Kinderwagen schiebt. Wenn es solch offensichtliche Gemeinsamkeiten nicht gibt, neigen die Menschen dazu, weitaus mißtrauischer und unwillens zu sein, irgendwelche Annäherungsversuche zuzulassen.

Es ist angenehm, Teil einer Gruppe zu sein, weil es Ihre Freude verstärkt. John ist es gewöhnt, allein in Urlaub zu fahren, aber er hatte eine leise Kritik an seiner Situation:

> *«Ich bin völlig glücklich, allein in Urlaub zu fahren. Es gibt nur einen Nachteil: Ich kann meine Freude nicht mit*

jemand anderem teilen. Letztes Jahr war ich in den USA und sah auf eine Bucht voller spielender Delphine hinunter. Es war ein so wunderbarer Anblick, und ich wollte auf und ab springen und ‹schau, schau doch› rufen. Aber ich konnte es nicht, weil niemand da war.»

Wenn Sie sich in einer Gruppe befinden, werden Sie mindestens einen oder zwei Menschen finden, die auf Ihrer Wellenlänge sind. Sie brauchen nur einen offenen Geist und die Bereitschaft, angesprochen zu werden, besser noch, aktiv auf andere zuzugehen, und Sie werden eine wunderbare Zeit haben.

Viele der Befragten sagten, sobald sie sich gewagt hätten, einen Urlaub allein zu machen, sei die Erfahrung nicht so schlimm gewesen, wie sie erwartet hatten. Lydia sagte:

«Der Trick ist, offen zu sein und nichts bestimmtes vom Urlaub zu erwarten. Als ich das erste Mal allein in Urlaub war, hatte ich die Erwartung, während meinen Besichtigungen neue Menschen zu treffen und viele Unterhaltungen zu führen. Als das nach einigen Tagen überhaupt nicht passierte, war ich enttäuscht. Aber dann entschied ich, die Dinge geschehen zu lassen und begann mich von da an wirklich zu amüsieren ... Ich fand es auch wunderbar, zurück zu meinem Hotel gehen zu können und einen Mittagsschlaf zu machen, wenn es mir danach war, ohne auf jemanden Rücksicht nehmen zu müssen.»

Denjenigen Befragten, deren Versuche eines Alleinurlaubs nicht erfolgreich waren, mangelte es laut ihrer eigenen Einschätzung an Selbstvertrauen und sozialen Fähigkeiten. Das machte es für sie sehr unbefriedigend, wenn sie sich im Urlaub auf sich selbst verlassen mußten. Alle diese Menschen hatten jedoch auch Probleme mit ihrem Selbstvertrauen in Partnerschaften, so daß sich ihre Scheu lediglich verstärkte, als sie Singles wurden.

Die wesentliche Aussage dieses Kapitels ist: *Versuchen Sie es weiter*. Sie haben nichts zu verlieren und viel zu gewinnen. Es ist wahrscheinlich, daß Ihre Ängste schlimmer als die Wirklichkeit sind. Sie mögen entdecken, daß Sie sich damit überraschen, wie gut Sie vorankommen. Erinnern Sie sich an das, was Lydia sagte, und lassen Sie den Dingen ihren Lauf. Fangen Sie mit einfachen Dingen an und arbeiten Sie sich weiter nach oben. Hunderte von Singles haben es vor Ihnen getan und waren erfolgreich, warum nicht auch Sie?

Finanzen

Finanzielle Angelegenheiten können überwältigend werden, wenn Sie den Umgang mit ihnen nicht gewöhnt sind. Es kann ein wahrhaft erschreckendes Erlebnis sein, wenn Sie allein zurückgelassen sind; eine Hausfrau mit Kindern und keine Ahnung wie man mit Geld umgeht, weil Ihr Ehemann sich immer darum gekümmert hat. Plötzlich finden Sie sich im Chaos wieder. Sie trauern, wollen die Kinder trösten und suchen Lösungen für Ihre finanzielle Situation.

Einige der befragten Witwen gestanden, sie hätten sich nie besonders für finanzielle Dinge interessiert, solange ihre Ehemänner da waren. Und als sie sich nun mitten im Dilemma befanden, waren sie völlig hilflos, damit umzugehen. Elinor gab zu, daß sie keine Vorstellung hatte, was ihre monatlichen Ausgaben waren:

> *«Ich wußte nicht, welche Versicherungen Ted zu bezahlen hatte und ob ich aus irgendeiner von ihnen Ansprüche geltend machen konnte. Ich wußte weder, was direkt vom Konto abgebucht wurde noch wo ich Hinweise darüber in den Unterlagen finden würde. Ich hatte mich nie darum gekümmert und sträubte mich, mich plötzlich um diese Finanzangelegenheiten kümmern zu müssen. Ich ärgerte mich über Ted, mich in diese schreckliche Lage gebracht und damit alleingelassen zu haben.»*

Es ist schwierig, sich mit finanziellen Dingen zu beschäftigen, während Sie noch den schmerzlichen Verlust zu verarbeiten haben. Die Dinge werden schlimmer, weil Ihr Verstand oft mit konfliktreichen Emotionen und Gedanken beschäftigt ist, die Sie vom klaren Denken abhalten. Es ist einfach in Panik zu geraten, wenn Sie sich verwirrt fühlen.

In einer solchen Situation ist es gut, Hilfe von außen zu erhalten. Es ist nichts falsch daran zuzugeben, daß Sie bei diesem Problem Beistand brauchen. Im Gegenteil, es beweist, daß Sie einen gesunden Menschenverstand haben. Es ist sinnlos, Ihren Kopf in den Sand zu stecken und darauf zu hoffen, das Problem würde sich auflösen. Es wird das nicht tun. Es hilft nicht, Briefe der Bank ungeöffnet liegen zu lassen, denn am Ende wird Sie die Situation einholen. Sie packen besser den Stier bei den Hörnern und fangen an, Ihre Finanzen zu ordnen. Hilfe können Ihnen u. a. der Buchhalter des Arbeitgebers Ihres Ehemannes oder der Rentenberater leisten, die Sie über das zu erwartende Einkommen als Witwe beraten können. Ein Freund könnte Ihnen helfen, die Papiere zu Hause durchzusehen, um festzustellen, was von Ihrem Konto bezahlt wird, ob es Darlehensrückzahlungen oder ständige Versicherungsbeiträge sind usw. Wenn Sie niemand privat kennen, fragen Sie einen Mitarbeiter Ihrer Bank um Rat. Je schneller Sie wissen, woran Sie sind, desto besser.

Eine andere Gruppe von Menschen, die sich mit Finanzen herumschlagen, sind diejenigen, für die es schwierig ist, ihre Ausgaben zu überblicken. Übermäßige Ausgaben können auf Unerfahrenheit oder auf ein Gefühl der Unzufriedenheit mit dem Leben zurückgeführt werden. Wenn Sie allein sind, kann Ihnen das leichter passieren, weil niemand da ist, der Ihnen unbequeme Fragen stellt und damit Ihre Großeinkäufe bremst. Es ist, als ob Sie z. B. die vermißte Beziehung mit neuen Kleidern wettmachen wollten.

Ein anderer Grund für hohe Ausgaben ist paradoxerweise, daß Sie kein Geld haben. Rosemarie sagte:

> *«Es ist wirklich dumm, aber jedesmal, wenn ich in finanziellen Schwierigkeiten bin, gebe ich Geld aus. Natürlich treibt mich das noch tiefer in die Misere, und für eine Weile bin ich wieder vorsichtiger und halte mich zurück, weil ich ein schlechtes Gewissen habe. Danach geht es eine Weile gut, aber sobald ich wieder einmal einige große Rechnungen zu zahlen hatte und meine Geldsituation wieder schwierig wurde, fing ich wieder mit Beruhigungskäufen an.»*

Kreditkarten stellen eine starke Verführung in diesem Zusammenhang dar. Es ist zu einfach, Geld auszugeben und die Tatsache zu ignorieren, daß Sie es in Zukunft zurückzahlen müssen. Mit den immer verfügbaren Kreditkarten und Einkaufskarten von Geschäften können Sie in die Situation kommen, langsam den Überblick Ihrer Gesamtausgaben zu verlieren. Menschen, die zwanghaft Geld ausgeben, sehen sich oft ungern ihre Kontoauszüge an. Sie wissen einerseits, daß sie töricht waren, wollen aber nicht mit dem gedruckten Beweis konfrontiert werden.

Doch nicht nur die großen Ausgeber scheuen vor Bankbriefen zurück. Es gibt auch solche Menschen, die einfach vor allem, was mit Zahlen zu tun hat, zurückschrecken. Sie fühlen sich von den verschiedenen Spalten und Abkürzungen ihrer Kontoauszüge verwirrt und genervt, scheuen sich nach einer Erklärung zu fragen, weil sie glauben, doch nichts zu verstehen oder wegen Ihrer Fragen als dumm betrachtet zu werden.

Gleichgültig was der Grund für die Zurückhaltung ist, sich mit Ihren Finanzen zu befassen, Sie werden sich ohne Zweifel irgendwann mit ihnen beschäftigen müssen. Vermeidung löst kein Problem, es verlängert nur die Agonie. Sie mögen etwas Zeit und Aufwand zur Klärung Ihrer Lage investieren müssen, aber wenigstens wissen Sie, wo Sie stehen, wenn es um zukünftige Finanzentscheidungen geht.

Wenn Sie allein sind, ist es besonders wichtig, über alles in Ihrem Leben Kontrolle zu haben, und es gibt keine Möglichkeit, Ihre Finanzen zu ignorieren. Letztendlich sind Sie derjenige, der die Verantwortung für Ihr Wohlbefinden und Ihre finanzielle Sicherheit hat. Es ist nur von Vorteil für Sie, wenn Sie den guten Umgang mit Geld lernen, und es ist nicht so kompliziert, wie Sie glauben mögen. Sie werden vergangene Fehler korrigieren müssen, das ist möglich. Nehmen Sie die Vorteile aller verfügbaren Angebote einer Hilfe von außen wahr und tun Sie etwas!

5. ... und die Typen, die in sie hereinfallen

Es gibt bestimmte Charakteristiken, die es jemandem schwer machen, allein zu sein. Genauso gibt es Persönlichkeitstypen, die damit einfacher umgehen können. Sie werden einige Geschichten erfolgreicher Singles in Kapitel 7 finden, doch sehen wir uns zunächst die an, denen das Alleinleben schwerer fällt.

Ich bin mir dessen bewußt, daß meine Beschreibung der verschiedenen «Typen» Verallgemeinerungen und ihre besonderen Charaktereigenschaften überzogen sind, aber das ist beabsichtigt. Die überzogene Darstellung der Eigentümlichkeiten in den einzelnen Beispielen mögen diese Typen in Karrikaturen verwandeln, aber es hilft auch, die Problembereiche klarer zu illustrieren, auf die sie achten müssen.

Für jede Kategorie von Menschen habe ich zwei für ihre Situation typische Szenarien gebildet. Das Erste beschreibt, wie dieser Typ von der Außenwelt wahrgenommen wird, und das Zweite zeigt, wie der Typ sich selbst empfindet oder sieht. Ich werde auch kurz darauf eingehen, wie sich dieser bestimmte Typ selbst helfen kann, konstruktiver mit seinen Problemen umzugehen und seine Lebensqualität zu verbessern.

Während Sie dieses Kapitel lesen, werden Sie sich hoffentlich Ihrer Einstellungen und Denkmuster bewußter, die hinter der Unfähigkeit stehen, sich mit dem Singledasein abzufinden. Sie mögen sich selbst oder Ihnen bekannte Menschen in einigen Beispielen entdecken und wahrscheinlich feststellen, daß Sie tatsächlich eine Mischung von verschiedenen Persönlichkeitstypen sind. Keine Sorge – es ist nichts falsch an Ihnen! Selten paßt ein Mensch in eine Kategorie allein; wir alle haben eine Vielzahl von Charakterzügen mit einem oder zwei dominanten Merkmalen, die sich von den unterschiedlichen Persönlichkeitstypen ableiten. Es sind diese vorherrschenden Neigungen, die Ihr öffentliches Image sein werden. Ob man Sie «introvertiert» oder «extrovertiert», «schwierig» oder «einfach», «egoistisch» oder «altruistisch» nennt. Bloß weil man Sie so bezeichnet, heißt das jedoch nicht, Sie verfügten nicht gleichzeitig über die gegenteilige, positive Qualität. Es bedeutet lediglich, daß eine Facette mehr betont ist als die andere.

Es besteht auch ein Unterschied zwischen privatem und öffentlichem Leben. Wir verhalten uns unterschiedlich, je nachdem ob wir auf einer Party oder zu Hause sind oder im Beisein zweier Vorgesetzter unsere Arbeit tun. Wir mögen bei jeder dieser Gelegenheiten ein völlig anderes Bild abgeben. Jemand der laut und überschwenglich auf Parties ist, mag zu Hause dumpf, depressiv und weit vom Glücklichsein entfernt sein. Lassen Sie uns also festhalten, daß die äußerliche Erscheinung irreführend sein kann. Nur weil jemand extroviert aussieht oder sich so verhält, muß er nicht zwangsläufig in sich glücklich sein.

Gleichgültig was Ihr Problembereich ist, Sie können etwas dagegen tun. Kapitel 6 wird Ihnen praktische Ratschläge für den Weg aus der Falle, in die Sie gegangen sind, geben. Doch lassen Sie uns zuerst sehen, wie Sie überhaupt in die Falle geraten konnten.

Der Einsiedler

Als der eingefleischte Junggeselle oder die alte Jungfer von nebenan bekannt, ist der Einsiedler jemand, der lieber seine Unterwäsche bügelt oder Pflanzen umtopft als sich mit anderen Menschen zu treffen.

Von außen ...

Der Einsiedler wird selten außer Haus gesehen, mit Ausnahme von notwendigen Gängen zum Einkaufen, zur Post oder zur Arbeit. In der Zeitspanne zwischen Lebensmitte und Rentenalter hat der Einsiedler gewöhnlich eine strikte Routine. Ein Spaziergang wird immer zur selben Zeit gemacht und das Kreuzworträtsel nicht vor der Erledigung des Abwaschs begonnen.

Insgesamt hält der Einsiedler andere von unangemeldeten Besuchen ab und beschränkt nachbarschaftliche Gespräche auf kurzes Grüßen. Falls der Postbote klingelt, um eine Nachnahme zu kassieren, wird er die Tür nur so weit öffnen, um vorsichtig herausschauen zu können. Dann wird er sie schnell wieder schließen, um etwas später mit dem genauen Wechselgeld zurückzukommen.

Der Einsiedler ist jedoch nicht zwangsläufig unfreundlich oder unhöflich, sondern findet es einfach schwierig, mit seinen Mitmenschen umzugehen. Er fühlt sich wohler, mit seinem Wellensittich zu reden als mit dem Nachbarn, der seit 20 Jahren neben ihm wohnt.

Was andere von dem Einsiedler wahrnehmen, ist bildlich gesprochen eine Glaswand, die zwischen ihm und dem anderen entsteht, sobald man dem Einsiedler näher kommen will: Sie dürfen schauen, aber bitte nicht berühren. Gespräche mit ihm führen normalerweise nicht weit. Sollten irgendwelche neugierigen Fragen gestellt werden, werden sie entweder ignoriert oder kurz abgewendet.

Der Einsiedler wird wenig Besucher haben. Sie kommen entweder selten oder regelmäßig und nur an speziellen Tagen und zu bestimmten Zeiten.

Seine Mitmenschen neigen dazu, wenig Interesse an ihm zu haben, weil Ihre Bemühungen, Kontakt herzustellen, nicht erwidert oder bestärkt werden.

Von innen ...

Das Schlüsselwort ist hier «Routine». Die Regelmäßigkeit der Aktivitäten und ihre festen Zeiten geben dem Tag eine Struktur. Das strikte Befolgen des täglichen Zeitplans läßt uns seine Bedeutung ahnen. Unterbrechungen von außen wie Nachbarn, die ein Schwätzchen führen wollen, beunruhigen, weil sie die Gewohnheiten zu unterbrechen drohen.

Der Einsiedler mag sein oder ihr Eremitentum aufgrund einer grundsätzlichen Enttäuschung von der Welt gewählt haben. Wenn Sie spüren, daß Sie sich nicht auf andere Menschen verlassen können, weil Ihr Vertrauen zu oft enttäuscht wurde, könnten Sie entscheiden, sich von der Welt zurückzuziehen und dadurch die Möglichkeit weiterer Frustration auszuschalten. Es scheint einfacher zu sein, auf potentielle Freuden zu verzichten als sich zu öffnen und wieder verletzbar zu machen.

Die Darsteller im Fernsehen werden für den Einsiedler oft realer als die Menschen in der Außenwelt. Zumindest im Fernsehen gibt es immer Gerechtigkeit, der Gerechte wird belohnt, der Böse bestraft, selbst wenn es 60 Folgen dazu bedarf.

Auf ähnliche Weise mag ein Haustier in den Mittelpunkt des Interesses rücken. Sie können es bemuttern, zu ihm sprechen und alle seine Erwiderungen als positive und dankbare Zeichen Ihrer Pflege interpretieren. Sie machen Ihr Haustier glücklich, und das macht Sie glücklich. Das ist ein einfacher, klarer Ausgleich; keine Zweifel, keine Komplikationen, keine Sorgen, Ihr Haustier würde Sie verlassen. Da es von Ihnen völlig abhängig ist, können Sie seiner Loyalität sicher sein. In diesem Zusammenhang ist es weit besser als ein menschlicher Kamerad.

Trotzdem sehnen sich Einsiedler nach menschlicher Gesellschaft, können sich aber nicht erlauben, jemandem so zu vertrauen, um sich weiter zu öffnen, und somit bleibt der Konflikt für immer ungelöst.

Erläuterungen

Der Einsiedler hat einen Selbstschutzmechanismus aufgebaut, der jeden Panzerschrank vor Neid erblassen lassen würde. Sind die Tagesabläufe erst einmal richtig gefestigt, werden sie zur Notwendigkeit. Jede Störung verursacht Furcht und erfordert schnelle Maßnahmen, die alten Muster wieder herzustellen. Selbst wenn der Einsiedler seine oder ihre gewohnte Umgebung verlassen muß, wird er alles tun, um so viel wie möglich von seinen heimischen Gewohnheiten wieder aufzunehmen. Routine bedeutet Bestätigung und Sicherheit, ein Schutzschild gegen die Unwägbarkeiten der Außenwelt.

Männer oder Frauen, die es wagen, Teil dieser Routine zu werden und in die Welt des Einsiedlers einzudringen, sind mutig. Generell wird ein Einzelgänger die Privatsphäre rigoros bewachen – das ist das eigentliche Problem, warum der Einsiedler nicht wirklich die Notwendigkeit sieht, von seinen alten Gewohnheiten abzuweichen. Solange hat es gedauert, ihr Verteidigungssystem zu etablieren, warum sollten sie also plötzlich die Mauer zwischen ihnen und der Welt einreißen?

Wenn Sie spüren, daß Sie zur Kategorie der Einsiedler gehören und etwas verändern wollen, dann ist es am besten, wenn Sie Ihre Gewohnheiten sehr langsam aufgeben, indem Sie vorsichtig und stufenweise andere Menschen wieder in Ihr

Leben eintreten lassen. Wählen Sie die Menschen, auf die Sie sich einlassen, so gewissenhaft aus, daß Ihr Risiko auf ein Minimum beschränkt bleibt.

Falls alles zu nichts führt, könnte es eine gute Idee sein, Ihre Vergangenheit mit einem Psychotherapeuten aufzuarbeiten. Er kann Ihnen dabei helfen, zu verstehen, was falsch gelaufen ist und Ihnen neues Selbstvertrauen und Vertrauen in Ihre Fähigkeiten geben.

Der Partyheld

Der Partyheld ist jemand, dem es schrecklich peinlich wäre, am Samstagabend zu Hause angetroffen zu werden.

Von außen . . .

Hier haben wir das genaue Gegenteil des Einsiedlers. Der Partyheld ist immer unterwegs, immer unter Menschen, hat immer eine tolle Zeit. Wo auch immer etwas los ist, der Partyheld wird erscheinen. Alle Arten von Parties, Nachtclubs, Discotheken, Firmenfeiern, Hauseinweihungen . . ., er wird da sein. Manchmal geht er an einem Abend von einem Fest zum anderen, um nichts zu verpassen. Er scheint unbegrenzte Energie zu haben, arbeitet am Tag und geht die meisten Nächte unter die Leute. Er lacht und scherzt viel, kennt eine unglaubliche Anzahl von Menschen und scheint bei allen gesellschaftlichen Anlässen eingeladen zu sein, wo Menschen zusammenkommen.

Der Partyheld weiß, was «in» und «out» ist, hat die passenden Kleider für alle möglichen Gelegenheiten und ist selten am Abend zu Hause anzutreffen, mit äußerster Gewißheit nicht am Wochenende. Partyhelden sind gewöhnlich Teil einer Clique von Menschen, deren hauptsächliches Ziel ist, Gelegenheiten zum gemeinsamen Ausgehen zu schaffen. Diese Gruppen sind oft auch im Urlaub zusammen.

Von außen gesehen scheint der Partyheld ein sorgenfreies Leben zu führen. Er oder sie haben immer etwas vor, genießen stets das Leben, sind immer glücklich und unproblematisch. Andererseits scheinen sie etwas zuviel zu rauchen und zu trinken und wenige (wenn überhaupt) enge Beziehungen zu haben. Der Partyheld verkörpert scheinbar die Vorzüge des Singledaseins: Ein problemloses Leben, die Freiheit zu tun, was und wann sie tun wollen, weil es niemand gibt, dessen Einwilligung sie ersuchen müssen. Es ist das laute, schnelle Leben, das für die Familie mit zwei Kindern vom Balkon ihrer Mietwohnung aus glamourös erscheint. Der Partyheld muß sicherlich glücklich sein, ist er doch so bekannt und flitzt von einer Party zur nächsten?

Von innen ...

Zwei verschiedene Gruppen fallen unter die Kategorie des Partyhelden. Die erste Gruppe besteht aus jungen Menschen zwischen 16 und 24 Jahren, die plötzlich entdecken, daß es noch mehr als studieren und arbeiten gibt. Die andere Gruppe sind Menschen zwischen 25 und 55 Jahren, die noch nicht zu sich selbst gefunden haben.

Schauen wir uns zunächst die jüngere Gruppe an. Wenn Sie zur Schule oder Universität gehen, kennen Sie normalerweise niemanden. Deshalb ist es nur natürlich, daß Sie sich Freunde in Ihrer Gruppe oder Ihrem Kurs suchen. Sie genießen ihre Gesellschaft, weil Sie viel gemeinsam haben. Sie teilen die selbe Umgebung, die gleichen Interessen, Neigungen und Abneigungen. Das alles hält die Gruppe zusammen. Die Gruppe ist Ihr «Heim», gibt Ihnen das Gefühl der Zusammengehörigkeit, und daher neigen Sie dazu, viel zusammen zu unternehmen. Da Sie in der glücklichen Lage sind, von zu Hause fort zu sein und von den Regeln und Bestimmungen der Schule befreit zu sein, beginnen Sie all die Dinge auszuprobieren, die zuvor Einschränkungen unterworfen waren. Sie stehen spät auf, obwohl Sie früh aufstehen müssen, und dehnen Ihr gesellschaftliches Leben zum Äußersten aus.

Eine ähnliche Situation entsteht, wenn Sie mit 17 oder 18 Jahren zu arbeiten beginnen. Sie stellen plötzlich fest, daß Sie dem Punkt nahe sind, die Verantwortung eines Erwachsenen übernehmen zu müssen. Doch bevor das Leben zu ernst wird, wollen Sie sich vergnügen. Wenn Sie Ihr erstes selbstverdientes Geld erhalten, ist es wunderbar, es für Ihre eigene Unterhaltung auszugeben. Das Gefühl der Unabhängigkeit und der Freiheit ist berauschend, und Sie wollen das meiste daraus machen, solange es anhält.

Die andere Gruppe der Partyhelden ist diejenige von älteren, arbeitenden Menschen, die sich seit ihrer Jugend nicht emotional weiterentwickelt haben.

Sehen und gesehen werden ist nicht mehr länger eine Freude, es ist zur Notwendigkeit geworden. Wenn das Partyleben neben Ihrer Arbeit Ihre Hauptbeschäftigung geworden ist, mögen Sie wenig Zeit für andere Interessen übrig haben. Da es für die Parties keinen Ersatz gibt, fällt es schwer, nicht mehr hinzugehen.

Das Party- und Vereinsleben sichert Ihnen Aufregung und Flucht vor dem grauen Alltag. Sie wechseln in schöne Kleider, werden von der Dynamik der Gruppe und den Wirkungen des Alkohols davongetragen, reiten auf der Welle der aufgeputschten Stimmung des Abends.

Die Unterhaltungen sind locker, Menschen kennen Ihren Namen, kleine Vertraulichkeiten werden ausgetauscht. Jeder scheint guter Laune zu sein, sieht blendend aus und scheint den Gipfel seines Lebens erreicht zu haben. Diese Stimmung ist wie eine Sucht, da sie die Realität Ihres Lebens überdeckt, die nicht ganz so rosig aussehen mag. Die Bekanntschaften, die Sie bei diesen Gelegenheiten machen, neigen zur Oberflächlichkeit. Partyhelden bevorzugen engen Beziehungen auszuweichen, sonst würden sie gezwungen, ihr wahres Selbst zu enthüllen.

Doch es kommt der Punkt, wo es ermüdend wird, auf Parties zu gehen. An einem bestimmten Punkt wird Ihr Körper seine Mitarbeit verweigern. Abhängig von Ihrer Konstitution können Sie sich nur ein bestimmtes Maß schlafloser Nächte und harter Drinks erlauben. Wenn das passiert, sind Sie unausweichlich sich selbst überlassen.

Da Ihre Freundschaften nur an der Oberfläche blieben, haben Sie wenig Chancen, daß sich jemand für Ihr Fernbleiben von der Szene interessiert, ausgenommen als Ausrede für neuen Gesprächsstoff. Wenn Sie nichts anderes als das Partyleben mit anderen Menschen gemein haben, kann Ihr Höhenflug nur solange anhalten, bis sich die Tür hinter dem letzten Gast geschlossen hat. In Ihrem Innersten sind Sie sich darüber im klaren, etwas grundlegenderes zu brauchen, um die innere Leere auszufüllen. Doch Sie schaffen es gerade noch zur nächsten Party und beschließen, sich nicht gerade jetzt darüber zu sorgen.

Erläuterungen

Es macht natürlich einen Unterschied, ob Ihr Partyleben Teil einer bestimmten Lebensphase ist oder ob es eine eigene Lebensart ist.

Es ist an einem bestimmten Punkt sicherlich eine wertvolle Erfahrung, mit einer Gruppe Ihnen sympathischer Menschen eine Nacht durchzutanzen, und es ist nichts falsch daran, dies eine Weile exzessiv zu leben. Es kann eine wichtige Erfahrung sein, die Ihnen ermöglicht, eine bestimmte Lebensart auszuprobieren und Ihre Grenzen zu erkennen. Normalerweise experimentieren Menschen mit Parties, heftigem Trinken und Drogenkonsum eine zeitlang und wenden sich dann – freiwillig oder aufgrund sonstiger Umstände – anderen Dingen zu. Ein ständiger Höhenflug kann jedoch langweilig werden, wenn Sie keine Möglichkeit haben, das Hoch mit einem Tief auszugleichen. Die Hochs müssen immer intensiver werden, um sie noch als ein Hoch zu empfinden.

Solange Sie die Oberflächlichkeit ständigen Partylebens anerkennen, werden Sie es leicht finden, einen Ausgleich herzustellen, der Ihnen einen Raum für sinnvollere Beziehungen und Freizeitbeschäftigungen gibt. Wenn Sie jedoch eine Menge persönlicher Probleme haben, die Sie nicht lösen zu können glauben, ist das Ignorieren viel einfacher, indem Sie sich so oft wie möglich in einer lustigen Umgebung befinden. Eine Faustregel besagt, daß Exzesse immer ein Zeichen sind, daß Sie vor etwas davonlaufen.

Unglücklicherweise löst das Weglaufen nicht die Grundprobleme. Viele der notorischen Partygeher sind Sklaven ihrer Gewohnheit. Latente Depression und nervöse Anspannung treiben sie immer mehr dazu, ihrer inneren Realität zu entfliehen.

Sie brauchen die Bestätigung attraktiv zu sein, weil es ihnen am Gefühl der Selbstachtung mangelt. Da sie sich selbst nicht sicher sind, ist es außerordentlich wichtig, zu möglichst vielen gesellschaftlichen Ereignissen eingeladen zu werden.

Sie brauchen ständig die Bestätigung anderer Menschen, um ihr zerbrechliches Ego zu stärken. Obwohl sie bemerken mögen, daß ihre Selbstzweifel im Beisein anderer kurzfristig geringer werden, halten ihre guten Stimmungen nicht lange an.

Der Karrieretyp

Der Karrieretyp hat die vergangenen 20 Jahre darüber nachgedacht, Urlaub zu machen oder eine Beziehung einzugehen, sobald er einen Moment freier Zeit dafür hat.

Von außen ...

Mit ihrem immerzu geschmackvollen Erscheinungsbild sehen die Karrieretypen wie aus der Werbung eines Hochglanzmagazins aus. Egal wie spät die Konferenz endete, egal wie erschöpfend ihr Zeitplan am Vortag war – am nächsten Morgen sind sie wach, haben alles unter Kontrolle und sind bereit, die nächste Serie von Entscheidungen anzugehen. Jeder kann sehen, daß es ihnen aufs Geschäft ankommt, und ihr Geschäft ist der Aufstieg in der Karriereleiter. Sie haben sich ein Ziel gesetzt und setzen sich hundertprozentig dafür ein. Sie nehmen ihre Arbeit mit nach Hause und arbeiten am Wochenende im Büro. Falls notwendig, opfern sie ihre Abende für wichtige Projekte und scheinen grundsätzlich durch ein unsichtbares Kabel mit dem Computer in ihrem Büro verbunden zu sein.

Karrieristen sind pünktlich, ordentlich und kompetent. Sie erledigen Notfallsituationen im Arbeitsbereich effizient und schnell; sie wissen was sie tun. Sie scheinen kein Privatleben zu haben. Wie sonst könnten sie die Berge von Arbeit bewältigen? Offensichtlich haben sie niemanden zu Hause, mit dem sie sich wegen all dieser Überstunden auseinandersetzen müssen.

Der Karrieretyp ist dazu entschlossen, jede Aufgabe zum besten zu erledigen und erwartet dieselbe Hingabe und Bereitschaft von den Menschen, mit denen er arbeitet. Wenn er die gewünschte Kooperation nicht vorfindet, kann der Karrieretyp leicht irritiert oder unfreundlich werden, weil er fühlt, er würde durch die Unfähigkeiten der anderen gebremst. Um diese Verzögerungen zu vermeiden, zieht er es vor, die Dinge lieber selbst zu erledigen als zu delegieren. So weiß der Karrieretyp, daß die Ergebnisse zufriedenstellend sein werden, auch wenn es für ihn längere Arbeitstage bedeutet.

Gespräche mit dem Karrieretyp beschränken sich gewöhnlich auf Arbeitsthemen und aktuelle politische Vorgänge.

Auf irgendeine Art und Weise schafft es dieser Typ immer, über seinen Kollegen zu stehen. Es sieht so aus, als ob persönliche Kontakte seinen Elan für die Entwicklung seiner Karriere beeinträchtigen würden.

Von innen . . .

Perfektionismus hat seinen Preis. Um jeden Tag gut zu sein und mit einer ermüdenden Arbeitslast fertig zu werden, müssen Sie eine Menge Energie und Willenskraft investieren. Indem Sie hohe Anforderungen an sich stellen, werden Sie schwer arbeiten müssen, um sie zu erreichen.

Anfänglich ist es befriedigend, wenn Sie Ihr erstes Ziel erreicht haben und wissen, daß Sie sich ausnahmslos gut dargestellt haben. Aber jetzt beginnt der Kampf. Das nächste Projekt muß genauso erfolgreich, wenn nicht besser werden, oder Sie werden das Gefühl des Versagens haben, selbst wenn Sie noch weit über dem Durchschnitt liegen mögen.

Karrieristen fühlen sich von dem Bedürfnis getrieben, etwas zu erreichen und der Beste zu sein. Beförderung ist für sie nichts weiter als die offizielle Anerkennung, daß sie tatsächlich der Beste *sind,* und das ist von höchster Wichtigkeit. Alle ihre Energie werden in ihre Ambitionen investiert, deswegen muß das Privatleben an die zweite Stelle treten. Störungen wie z. B. Familienangelegenheiten werden als Plage betrachtet, die von dem einzig wahren Lebensinhalt der Karrieretypen ablenken – Arbeit. Wenn sie von der Arbeit nach Hause kommen, haben sie nur für ein kurzes Abendessen Zeit, um dann ins Bett zu gehen, da die Batterien für den nächsten Tag aufgeladen werden müssen. Gesellschaftliche Akitvitäten werden weitgehend gemieden, weil der Karrieretyp nach der Arbeit zu müde ist. Infolgedessen erhalten ihre Freundschaften keine ausreichende Aufmerksamkeit und verlieren sich oft, so daß schließlich kaum irgendein sozialer Kontakt übrig bleibt. Dadurch wird es ihnen umgekehrt leichter, sich auf ihre Arbeit zu konzentrieren. Es bleibt praktisch nichts übrig, auf das sie ihre Aufmerksamkeit zu richten bräuchten.

Eine funktionierende Beziehung zu gestalten, mag weit weniger lohnenswert erscheinen, weil dies keine gesellschaftlich anerkannte Leistung ist. Eine gute Position in der Arbeit mit viel Geld und äußerlich sichtbaren Vergünstigungen wie ein Firmenwagen sind dagegen Errungenschaften, die von der Außenwelt anerkannt werden. Das gibt der Karriereperson das gewünschte Selbstwertgefühl.

Erläuterungen

Der Schlüssel zum Lebensstil der Karrieretypen liegt in ihrem Bedürfnis nach gesellschaftlicher Anerkennung. Es ist, als ob sie sich selbst immer wieder durch den Erhalt öffentlicher Lobpreisungen und greifbarer Beweise ihrer Leistungen, durch eine bessere Position im Unternehmen oder höhere Entlohnung beweisen müssen.

Obgleich sie so kompetent und kontrolliert erscheinen, beruht ihr Eifer auf dem Gefühl der Unzulänglichkeit und der Wertlosigkeit. Es gibt offensichtlich Kindheitserlebnisse, wo emotionale Bedürfnisse nicht beachtet wurden, und das einzige was zählte, akademische Leistung oder ein Aufwachsen mit unterdrückten bzw. ignorierten Bedürfnissen war. Diese Bedürfnisse nach Liebe, Aufmerksamkeit und Sicherheit sind jedoch fundamental und werden, statt zu verschwinden, bei Verdrängung auf irgendeine Weise zum Problem, wenn auch auf unterbewußter Ebene.

Von dieser unterbewußten Ebene kommt der Antrieb, die Anerkennung anderer zu gewinnen. Wenn es in der Kindheit zuwenig Anerkennung gab, können Menschen den Rest ihres Lebens damit verbringen, sie zu erhalten. Anerkennung ist eine der Voraussetzungen, sich wohlzufühlen und sich selbst zu mögen. Da es ohne irgendeine Art von Selbstachtung zu leben schwierig ist, müssen die Karrieretypen ihre negativen Gefühle über sich selbst dadurch ausgleichen, auf einem bestimmten Gebiet ihres Leben besonders gut zu sein. Sehr oft ist das ihre Arbeit. Indem sie sich auf ihre Karrieren konzentrieren, vermeiden sie auch den bedrohlichen Bereich menschlicher Kontakte, die sich bereits als unbefriedigend erwiesen haben. Auf diese Weise schlagen sie zwei Fliegen mit einer Klappe: Sie vermeiden die tiefen Wasser zwischenmenschlicher Beziehungen und können daher alle ihre Bemühungen dem Streben nach Selbstwert über ihre Arbeit widmen.

Dieser Lebensweise mangelt es am Ausgleich und an wahrer Befriedigung. Der Karrieretyp kann nach einer Weile ein befriedigendes berufliches Image aufbauen, aber kein gleichwertig persönliches Image. Neben der Unmöglichkeit, immer hart arbeiten zu können, wird die Zeit kommen, wo Sie nicht mehr dazu in der Lage sind, und dann bleibt Ihnen nichts mehr. Da Sie alles immer nur auf eine Karte setzten, haben Sie nie Zeit dafür gehabt, ein Privatleben aufzubauen. Das nachzuholen ist sehr schwierig, wenn Sie erst einmal im Rentenalter sind.

Der Anfänger

Das ist jemand, der in einem Restaurant nach einem Tisch hinter der Säule fragt und dann versucht, sich der Tapete an der Wand anzupassen.

Von außen . . .

Den Anfänger können Sie recht einfach bemerken, wenn Sie in einem Hotel wohnen. Ein junger Mann betritt den Speiseraum, seine Augen fest auf den Boden gerichtet. Wenn ihn die Bedienung anspricht, läßt ihn das förmlich aufspringen. Sie können seine Verlegenheit nachempfinden, haben Mitleid mit ihm und hoffen, daß in wenigen Momenten seine Eltern hereinkommen werden, aber das passiert nicht. Jetzt wissen Sie, daß Sie einen Neuling im Spiel, jemanden mit einem unsichtbaren Anfänger-schild auf dem Rücken vor sich haben.

Im Supermarkt wandern die neuen Alleinstehenden zwischen den Gängen mit ihrem kleinen Einkaufskorb herum, der gerade eine Tüte haltbarer Milch enthält. Anfänger sind sich sehr unsicher, was sie brauchen oder wollen und sind von der Vielfalt der angebotenen Waren überwältigt. Haben sie die Kasse erreicht, haben sie immer noch nur die Tüte mit haltbarer Milch und ein Fertiggericht für eine Person in ihrem Korb. Man kann sehen, daß es ihnen klar ist, daß das nicht genug ist, aber sie wissen nicht, was sie sonst noch kaufen sollen.

Die Anfänger neigen dazu, häufig zu lächeln und sich ständig zu entschuldigen. Die Unterhaltungen mit ihnen sind irgendwie unbefriedigend, weil sie dazu tendieren, Ihnen bei allem zuzustimmen und scheinbar keine wirklich eigene Meinung haben. Sie haben nicht viel praktische Erfahrung und sind von den Leistungen anderer schnell beeindruckt, seien sie nun real oder eingebildet. Anfänger sind sich in nichts sicher und unendlich dankbar, wenn Sie ihnen eine eigene Entscheidung abnehmen.

In diese Kategorie fallen entweder sehr junge und unerfahrene Menschen oder sehr scheue Personen, die wenig Selbstvertrauen haben. In den meisten Fällen ist dies jedoch nur eine vorübergehende Phase. Da die Jungen älter werden, machen sie Erfahrungen, und da die Scheuen einige Erfolgserlebnisse haben, gewinnen sie mehr Selbstvertrauen und scheinen, zumindest äußerlich, besser damit zurechtzukommen.

Von innen ...

Die neuen Alleinstehenden haben Probleme mit Gefühlen der Unsicherheit und Angst, fühlen sich ständig von der Außenwelt beurteilt und sind überzeugt, daß man denkt, sie wären ihrer Sache nicht gewachsen. Geringe Selbstachtung und Mangel an praktischer Erfahrung geben ihnen das Gefühl von Hoffnungslosigkeit. Dies kann in einigen Fällen zu einem Zustand der Panik führen, wenn sie mit ihnen unbekannten Situationen umgehen müssen. Sie fühlen sich in ihrem Kampf mit den Problemen des Lebens sehr alleingelassen und übersehen womöglich, daß die Hälfte ihrer Probleme durch mehr Einsatzbereitschaft im Bemühen um mehr Erfahrungen gelöst werden könnte.

Die meisten Anfänger entwickeln bald die Vorliebe, ihr Leben wenigstens auf der praktischen Ebene zufriedenstellend zu organisieren, was ihnen das Gefühl von Erfolg und damit Vertrauen gibt. Falls jedoch einige ihrer ersten Abenteuer als Singles nicht erfolggekrönt sind, können sie sich verständlicherweise geschlagen fühlen, aufgeben und sich endgültig zurückziehen (siehe «Einsiedler»). Mit jedem Fehlschlag werden sie überzeugter, deshalb nicht mit dem Leben umgehen zu können, weil sie als Mensch ein Versager sind. Das kann schließlich zu einer sich selbsterfüllenden Prophezeiung werden – sie versagen, einfach weil sie die *Erwartung* haben, zu versagen.

Bestenfalls fühlen die neuen Alleinstehenden, daß das Leben außerhalb ihrer Kontrolle ist. Sie sehen sich in einer neuen Lebensweise ausgesetzt, deren Regeln sie sich nicht sicher sind. Sie haben die relative Sicherheit ihrer Familie oder Beziehung verlassen und haben jetzt keine Struktur, an der sie sich orientieren können. Für viele Menschen ist das kein Problem, da sie die Gelegenheit hatten, ihren Selbstwert und ihre praktischen Erfahrungen in ihren vorhergehenden Beziehungen mit ihren Familien oder Partnern zu erwerben. Wenn das aber nicht geschieht, fühlt sich dieser Mensch oft hilflos und verlassen, sobald er auf sich allein gestellt ist.

Erläuterungen

«Neue» Singles sind wie jeder andere Anfänger. Ob Sie nun gerade Ihr erstes Auto, Ihren ersten Hund oder Ihr erstes Paar Rollerskates gekauft haben – Sie werden zwangsläufig eine Reihe von Fehlern begehen, bis Sie alles richtig machen. Niemand erwartet von Ihnen, perfekt zu handeln, wenn es um das Erlernen solcher Fähigkeiten geht. Deshalb werden dazu auch Seminare und Abendkurse angeboten. Trotzdem scheint das Verlassen einer Beziehung für die meisten Menschen eine Frage des Überlebens zu sein, wo keine Hilfe von offizieller Seite angeboten wird.

Viel hängt davon ab, wie gut Sie darauf vorbereitet sind. Wie mit vielem anderem hilft es sicherlich, eine nach außen gerichtete Persönlichkeit und gute Kommunikationsfähigkeiten zu haben. Sie können Ihre grundlegende Persönlichkeitsstruktur nicht verändern, doch selbst als stiller Typ können Sie lernen, Ihre Scheu zu überwinden (mehr dazu in Kapitel 6). Kommunikationstechniken würden Sie normalerweise zu Hause lernen, aber wenn Ihre Eltern Probleme hatten, sich auszudrücken, könnten Sie diesbezüglich keine gute Starthilfe gehabt haben. Doch auch das können Sie später nachholen. Alles was Sie brauchen, ist Ihr Wille, neue Fähigkeiten zu erwerben.

Der neue Single hat also in diesem Zusammenhang jede Möglichkeit, erfolgreich zu sein. Anfängliche Probleme müssen nicht von Maulwurfshügeln zu unüberwindbaren Bergen wachsen! Wenn Sie nicht aufgeben und dabei bleiben, zu tun was Sie tun wollen, werden die ersten Hindernisse nur eine vorübergehende Phase sein. Durch Übung werden Sie besser und erfolgreicher, und als Konsequenz daraus, sich Ihrer selbstsicherer.

Die notwendigen Fähigkeiten werden im folgenden Kapitel besprochen. Probieren Sie einige neue Wege des «Seins» aus. Sie alle sind Bestandteile und Schritte zum Erwachsen werden. Auf beiden Beinen im Leben stehen zu können ist nicht nur nützlich für die Zeit des Alleinseins, sondern auch wenn Sie später beschliessen sollten, wieder eine Beziehung einzugehen. In beiden Fällen müssen Sie wissen, was Sie wollen und wie Sie es bekommen.

Der Möchte-gern-Single

Das ist jemand, der sich mehr vor der Vorstellung, Single zu sein, fürchtet als bei seinem Partner zu bleiben.

Von außen ...

Der Möchte-gern-Single verbringt viel Zeit damit, über die Vorzüge des Alleinseins zu reden, aber es nie macht. Normalerweise entstehen diese langen Reden über das Junggesellendasein durch eine unbefriedigende häusliche Situation, wo die Partnerschaft nicht klappt. Es ist jedoch erstaunlich, wie schlecht eine Beziehung werden kann, ohne daß der verletzte Partner jemals den Schritt des Auszugs macht. Während jeder Außenstehende durch die Situation zur Verzweiflung gebracht wird, scheint der Möchte-gern-Single ganz glücklich darüber zu sein, sich bei jedem, der ihm zuhört, über seine Beziehung zu beklagen. Das einzige, was er offensichtlich nicht machen will, ist, seine Worte in Taten umzusetzen.

Möchte-gern-Singles unternehmen vielleicht sogar Versuche auszuziehen, einige werden sogar Freunde zum Helfen bewegen können, aber schließlich werden sie ihre Meinung unweigerlich ändern. Entweder ist es nicht der richtige Zeitpunkt, oder sie wollen der Beziehung noch eine Chance geben, oder sie werden offen zugeben, nicht genügend Mut zum Ausziehen zu haben. Eine meiner Klientinnen brachte ihre Schwester dazu, alle Vorkehrungen für sie zu treffen und eine Wohnung für sie zu finden. Als aber der Moment des

Auszugs kam, konnte sie ihren Freund nicht damit konfrontieren und blieb.

Nachdem Möchte-gern-Singles einige Male blinden Alarm geschlagen haben, werden sie von ihren Verwandten und Freunden aufgegeben, die sich oft zurückziehen. In ihnen entsteht der Eindruck, die Beziehung könnte doch nicht so schlecht sein, denn sonst wäre der Möchte-gern-Single bereit, ernsthaftere Schritte zum Auszug zu unternehmen.

Von innen . . .

Allein zu sein erscheint als die ideale Lösung, wenn Sie sich in einer nichtfunktionierenden Beziehung befinden. Entfernen Sie das Objekt Ihres Ärgernisses, nämlich Ihren momentanen Partner, und sofort sind Sie glücklich! Möchte-gern-Singles haben eine große Sehnsucht nach dem Abenteuer des Alleinseins, aber gleichzeitig noch mehr Angst davor, wie es ihnen damit ergeht.

Gewöhnlich ist es lange her, daß sie allein waren; einige mögen niemals allein gelebt haben. Vielleicht gab es eine Zeit, bevor sie heirateten, wo sie allein waren; vielleicht begaben sie sich direkt aus dem Elternhaus in eine Ehe und waren daher niemals in der Lage, ihre eigenen Stärken zu testen. Je weniger Übung Sie mit der Unabhängigkeit haben, desto weniger können Sie Ihren Fähigkeiten und Ihrem Einfallsreichtum vertrauen. Daher sieht das Singledasein wie das gelobte Land aus, aber der Weg dahin erscheint in der Tat sehr steinig.

Alle Dinge, die Ihr Partner jetzt für Sie erledigt, müssen Sie selbst tun, sollten Sie sich entscheiden, sich zu trennen und gehen. Von Gesellschaft und Unterhaltung haben bis zum Bügeln der Wäsche und dem Ausfüllen der Steuererklärung, alles liegt allein in Ihren Händen. Es ist so, wie wenn Sie eine Arbeit haben und gezwungen sind, eine zusätzliche anzunehmen, für die Sie sich nicht qualifiziert fühlen.

Viele Menschen scheuen vor der Aussicht, Neues lernen zu müssen, zurück. Alles was sie sehen, ist eine offensichtliche Menge neuer Bedingungen und Umstände, falls sie die bereits zerbrochenen Bande mit ihrem Partner lösen. Das ist bereits genug, um sie so zu erschrecken, daß sie lieber in der Beziehung bleiben. Die momentanen Lebensumstände mögen unerträglich sein, bieten aber wenigstens Sicherheit, auch wenn es Sicherheit mit Unzufriedenheit bedeutet. Diese Beziehung abzubrechen würde bedeuten, sich aus dem Bekannten ins Unbekannte zu begeben. Wer weiß, auf was Sie sich da einlassen, wenn Sie es täten? Es ist die Angst vor dem Unbekannten, gekoppelt mit der Unfähigkeit, Ihre eigene Stärke einzuschätzen, die oft den Weg in eine viel glücklichere Zukunft versperrt.

Erläuterungen

Veränderungen können jederzeit erschreckend erscheinen, und der Möchte-gern-Single fühlt sich sehr unwohl bei der Aussicht, das Neue zu konfrontieren. Rational kann er die Vorteile des Verlassens der momentanen Situation sehen, aber emotional hält ihn etwas zurück. Dieser innere Konflikt läßt die meisten Möchte-gern-Singles einen Kompromiß eingehen – sie warten solange, bis jemand kommt, der die Rolle des «neuen Partners» übernimmt. Auf diese Weise vermeiden sie drastische Veränderungen wie eine Trennung, während sie gleichzeitig einen neuen Platz für sich finden und sich um ihre Unterhaltung selbst sorgen müssen. Sie erlauben sich einfach, von einer Beziehung in die nächste versetzt zu werden, hoffend, der neue Partner würde auf geheimnisvolle Art und Weise alle die Eigenschaften besitzen, die beim alten Partner nicht zu finden waren.

Anfänglich scheint alles zu funktionieren. Ihre tiefsten Wünsche scheinen wahr zu werden – bis die Flitterwochen vorüber sind und sich herausstellt, daß der andere Partner Fehler hat, genau wie der letzte. So stehen sie wieder am Anfang.

Oft ist es die Unfähigkeit, allein zu sein, die Menschen davon abhält, das Alleinsein auszuprobieren. In vielen Fällen liegt ein grundsätzlicher Mangel an Selbstvertrauen zugrunde, dessen Ursachen in der Kindheit liegen. Dem Kind wurde nicht erlaubt, seine eigenen Wünsche auszudrücken, und es ingorierte sie daher. Das führt zu der Einstellung, Sie sollten keine Bedürfnisse haben, aber sie sind natürlich noch da. Launenhaftigkeit oder Depressionen sind sichere Anzeichen, daß Ihre Bedürfnisse von Ihrer momentanen Umgebung nicht entsprechend befriedigt werden, doch können Sie diese nicht ausdrücken. Stattdessen ziehen Sie sich zurück oder schmollen. Innen brodelt Ihr Ärger, aber Sie fühlen sich gleichzeitig inkompetent und gänzlich unfähig, ohne den Partner zu sein, der alle Ihre Probleme verursacht. Ein konsequentes Ausziehen ist für Sie keine Alternative.

Die Angst vor Einsamkeit ist möglicherweise das größte Hindernis für einen Möchte-gern-Single. Erwachsen sein bedeutet jedoch, emotional und gesellschaftlich auf sich selbst gestellt sein zu können; die Unfähigkeit, das zu tun, ist ein Zeichen der Unreife. Es ist wichtig, Ihre eigenen Bedürfnisse und Stärken kennenzulernen, um Ihr Leben vollends auszukosten – sei es in einer Beziehung oder allein.

Wenn Sie mit Ihrem Partner unglücklich sind, brauchen Sie Alternativen, die keinen anderen Partner beeinhalten, sonst wählen Sie Ihren neuen Partner nicht aus freien Stücken. Keiner gewinnt etwas, wenn der neue Mann oder die neue Frau ein Lückenbüßer oder eine Flucht vor Ihrer Einsamkeit ist.

Der fanatische Einzelgänger

Das ist jemand, der einen Kilometer weit rennt, wenn er das Wort «Beziehung» hört, und einen Marathonlauf beim Wort «Heirat» macht.

Von außen . . .

Hier haben wir den König oder die Königin der Ein-Nacht-Abenteuer. Sie sind charmant, witzig und unterhaltsam. Sie sagen alles richtig und zum rechten Zeitpunkt, egal mit wem sie an diesem Abend ausgehen. Sie sind die idealen Kameraden, hören ihren Partnern aufmerksam zu, schmeicheln auf die schönste Art und Weise und geben Ihnen das Gefühl, für sie sehr wichtig zu sein. Mit anderen Worten: Sie scheinen der ideale Partner zu sein – bis Sie mit ihm ins Bett gegangen sind. Plötzlich beginnt die Beziehung abzukühlen, der Charme versiegt. Was übrig bleibt, ist ein Mensch, der eine verbindliche Zusage vermissen läßt. Sie sind allein und haben nur das eine Ziel, ein Single zu bleiben. Jeder, der ihr Territorium zu betreten versucht, wird eine unangenehme Überraschung erleben.

Ähnlich dem Partyhelden sind die fanatischen Singles gewöhnlich dynamische Typen, oftmals beruflich sehr erfolgreich und im privaten Bereich gut organisiert. Sie sind attraktiv, weil sie ihr Leben scheinbar unter Kontrolle haben und ihre Entscheidungen mühelos und schnell treffen. Sie scheinen keine Probleme zu haben. Der Außenstehende empfindet die fanatischen Singles als interessiert an anderen Menschen, weil sie hilfreich und rücksichtsvoll sind, wenn jemand in Schwierigkeiten ist. Sie geben Rat und sind gewillt, Ihnen beim Klären Ihrer Probleme zu helfen, wenn Sie selbst nicht mehr weiterkommen.

Sie sind nette Menschen, solange ihre Regeln eingehalten werden. Das Bild verändert sich gänzlich, sobald jemand Teil ihres Lebens werden möchte. Das ist der Moment, wo der fanatische Single eiskalt und sogar grausam werden kann. Charme und Schmeicheleien werden verschwinden, sollten Sie nicht verstehen, daß er Ihnen nicht ständig zur Verfügung steht und mit Sicherheit in keiner Weise dazu bereit ist, sich an eine Person zu binden. Er macht seine eigenen Regeln, will das Spiel bestimmen. Keiner ist ohne Einladung in seinem Privatleben geduldet, und bis jetzt ist keine ausgesprochen worden.

Fanatische Singles umgibt eine Aura strikter Kontrolle. Sie machen die Gesetze, kontrollieren sich selbst und ihre Umgebung – ihren Haushalt, ihr Berufsleben und ihre Vergangenheit. Wenn Sie sie etwas besser kennenlernen, ihre Handlungen und ihr Verhalten eine zeitlang beobachtet haben, wird es offensichtlich, wie äußerst wichtig es für sie ist, ihre selbstgeschaffenen Regeln unter allen Umständen beizubehalten. Es gibt keinen Platz für Abweichungen, keine Schattierungen zwischen Schwarz und Weiß. Sie verkünden, daß sie Singles sind und Singles sein wollen, weil Beziehungen nichts als Ärger bedeuten und sowieso nicht von Dauer sind. Sie wären nicht dafür gemacht, sich durch eine Ehe zu binden und sich um einen Ehemann zu kümmern oder für eine Ehefrau zu sorgen. Sie ziehen es vor, an der Oberfläche der Beziehungen zu bleiben und nur die ersten, aufregenden Zeiten mitzumachen, aber ansonsten behalten sie ihre Freiheit.

Von innen . . .

Alles ist gut, solange sich die Welt nach den Regeln des fanatischen Singles dreht. Diese Regeln dienen als schützende Struktur und Hilfssystem, das ursprünglich erbaut wurde, um einen Schutz vor Verletzung zu bieten. Tatsächlich ist alles im Leben des fanatischen Singles auf Schutz und Sicherheit ihrer eigenen Person ausgerichtet. Ihr Charme und ihre Aufmerksamkeit, sogar ihre Hilfsbereitschaft, alles gibt ihnen die Sicherheit, daß andere sie mögen. Es ist ein schmerzhafter Schlag für ihr Ego, wenn sie keine täglichen Beweise der Anerkennung oder Dankbarkeit von ihren Mitmenschen, speziell des anderen Geschlechts, erhalten können.

Die fanatischen Singles brauchen andere Menschen, nicht weil sie diese lieben wollen, sondern um gebraucht zu werden. Sie werden andere skrupellos manipulieren, um dieses Ziel zu erreichen. Wenn sie jemand dazu brachten, sie zu bewundern, verlieren sie ihr Interesse, weil sie sich mit den Konsequenzen nicht befassen wollen. Obwohl sie von der Liebe anderer Menschen abhängig sind, lassen sie diese fallen, sobald sie von ihnen abhängig werden. Und weg sind sie, das nächste Opfer zu erobern. Manipulation ist der Name des Spiels, und der fanatische Single ist darin ein Experte.

Das heißt jedoch nicht, daß fanatische Singles unbedingt glücklich mit sich selbst sind. Aber das ist ihre einzige Möglichkeit zu leben, da sie mit Beziehungen und wahrer Intimität nicht umgehen können. Statt sich unvollkommen zu fühlen, wählen sie das Alleinsein und machen es konsequenterweise zu einer Tugend. Wenn ihnen niemand nahe kommt, kann auch keiner herausfinden, wie verletzlich ihr Ego ist und wie wenig sie zu geben haben.

Erläuterungen

Als grobe Regel können Sie davon ausgehen, daß je rigider jemand aussieht, desto mehr fürchtet er sich. Das trifft auch auf unseren fanatischen Single zu. Wenn Sie ihn von außen betrachten, mag das unglaublich klingen, weil er so kontrolliert und selbstsicher auftritt. Aber Kontrolle ist nur nötig, wenn das Gefühl des Chaos dahinter steckt, was beim fanatischen Single sehr zutrifft.

In vielen Fällen hat er vom Elternteil des anderen Geschlechts aus irgendwelchen Gründen keine Liebe erhalten. Ein Vater, der Frauen ablehnt, wird seine Tochter zurückweisen; eine Mutter, die Männern mißtraut, wird ihren Sohn nicht akzeptieren. Eine schreckliche Situation für Sie als Kind. Einerseits brauchen Sie diese Liebe für Ihr emotionales Wohlbefinden, andererseits hassen Sie die Eltern dafür, daß sie Ihnen keine Liebe geben. Diese Haßliebe wird Ihre späteren Beziehungen stark beeinflussen.

Als Kind haben Sie zwei Möglichkeiten: Sie können die Zuneigung Ihrer Eltern gewinnen, indem Sie es ihnen rechtmachen und z. B. gute Leistung in der Schule erbringen. Oder Sie ziehen sich zurück und sagen sich, daß es Ihnen nichts ausmacht. Im ersten Fall besteht die Möglichkeit, Sie werden später ein Arbeitstier – Sie wollen es Vater oder Mutter immer noch beweisen, daß Sie liebenswert sind (siehe Karrieretyp).

Im zweiten Fall mögen Sie Beziehungen aufgeben und sich insgesamt von der Gesellschaft zurückziehen (siehe Einsiedler) oder alternativ nur oberflächlichen Kontakt mit anderen Menschen halten, was der fanatische Single macht. Die Verletzungen der Kindheit sind so groß gewesen, daß Ihnen das nie mehr passieren darf. So bauen Sie Schutzwälle der Kontrolle auf, die es anderen unmöglich machen, Ihnen nahe zu kommen. Sie haben sich gegen jegliches Mitgefühl, Zuneigung oder Liebe abgehärtet.

Wenn Sie diese Gefühlsregungen in anderen entdecken, betrachten Sie sie als Schwäche. Die Kindheit hat Sie gelehrt, daß Liebe nicht existiert, und so leben Sie dahin und schieben jegliche häßlichen Gefühle weg, indem Sie diese unterdrükken.

Das Motto des fanatischen Single lautet: Laß Dich nicht ein oder Du wirst verletzt, und solange Du daran festhälst, magst Du einsam, aber sicher sein. Sollten Menschen die feine Linie überschreiten, sich auf Dich einzulassen, dann ist es ihr Problem. Sie zeigen ihre Schwäche durch ihre Abhängigkeit von Zuneigung und Intimität. Deshalbe verdienen sie nicht anders, als hinausgeworfen zu werden. Schließlich hat es Dir nie geschadet, als Kind nicht geliebt zu sein!

Der Verzweifelte

Er mag nicht Single sein, wollte es niemals sein und will nicht länger Single bleiben.

Von außen ...

Wie erkennen Sie den verzweifelten Single? Stellen Sie sich eine Party, eine Konferenz oder irgendein anderes Zusammentreffen vor. Der verzweifelte Single redet viel an (nicht mit) eine Person des anderen Geschlechts hin und hat diese währenddessen praktisch an die Wand genagelt.

Die weibliche Verzweifelte mag ihrem Opfer auch zu nahe kommen, an den Punkt, wo der Mangel an körperlicher Distanz gerade an der Grenze ist, ihrem Partner ungemütlich zu werden. Sie sieht seine Fluchtversuche, seitwärts oder rückwärts, aber sie schafft es irgendwie unvermeidlich, ihn in die Ecke zu drängen. Sie ist überenthusiastisch und wirkt erdrückend. Der ungeübte Beobachter wird diese Aufdringlichkeit auf das Thema, über das sie einen Monolog hält, zurückführen. Doch der gewiefte Single-Experte kennt den wahren Grund für diese unterschwellige Aufdringlichkeit: das zwingende Bedürfnis, einen Partner zu finden. Dagegen kann der männliche Verzweifelte oft auf Parties zwischen Frauen herumwandelnd gefunden werden, auf der Suche nach jemandem, der ihm Aufmerksamkeit schenkt und Interesse an seinen Worten zeigt. Er wird sich bei der kleinsten Aufforderung einer Frau wie eine Zecke an ihr festsaugen. Nach knappen 15 Minuten Konversation wird er sie ausfragen und bei Zurückweisung einfach weiter seine Runden drehen und nach einer anderen Kandidatin Ausschau halten. Es sieht fast so aus, als ob es nicht darum geht, *wer* zustimmt, mit ihm auszugehen, solange *irgendjemand* es tut. Natürlich schwinden seine Chancen, eine Verabredung an diesem Abend zu bekommen, beträchtlich, wenn die anderen Frauen merken, was er tut, weil keine die zweite Wahl sein möchte. Das ist mehr oder weniger die allgemeine Wirkung des verzweifelten Singles auf andere Menschen. Ihnen vergeht oft durch die vehementen Versuche die Lust, oder sie finden sie einfach ein wenig lächerlich. Je mehr der Verzweifelte sich anstrengt, desto weiter entfernt er sich von seinem Ziel. Um einen potentiellen Partner abzuschrecken, gibt es nichts besseres als Aufdringlichkeit.

Von innen . . .

Das Kuriose an den verzweifelten Singles ist, daß sie nicht wirklich an den Menschen interessiert sind, denen sie nachjagen, auch wenn das von außen so erscheint. Die treibende Kraft hinter ihren Bemühungen ist das Gefühl der Bedürftigkeit, ein übermächtiger Drang, ihren Singlestatus überwinden zu müssen. Jeder, der gewillt ist und einigermaßen annehmbar erscheint, ist recht. Es gibt eine Tendenz, den potentiellen, zukünftigen Partner unrealistisch zu sehen, zu *wollen*, er sei der Richtige, zu *wollen*, das alles gut wird. Die rosarote Brille macht die potentielle Beziehung großartiger als in Wirklichkeit. Das erste Gespräch auf der Party ist ausreichend, um fieberhafte Gedanken über ein Zusammenleben auszulösen. Die erste Verabredung läßt bereits die Hochzeitsglocken im Geist des Verzweifelten läuten. Das schlimmste Wort für die verzweifelten Singles ist «warten». Sie machen keine Anstalten, den andern näher kennenzulernen, seinen Hintergrund oder seine Persönlichkeit langsam im Laufe der Zeit einzuschätzen. Verträglichkeit wird nicht als ein wichtiger Punkt in Erwägung gezogen, da der Single zu diesem Zeitpunkt bereit ist, alles zu tun, damit die Beziehung klappt: sich zu ändern und den Anforderungen des anderen anzupassen, solange wie der Partner an ihrer Seite ist und damit der Welt beweist, daß der Verzweifelte kein Ladenhüter ist. Ihre Unfähigkeit, mit sich selbst zu sein, zwingt sie, ihren Stolz und ihre Umsicht vergessend, vorwärts.

Auf diese Weise werden Warnzeichen oft übersehen. Während es allen anderen um sie herum gänzlich klar ist, daß ihr vermutlich neuer Partner nicht zu ihnen paßt, hat der verzweifelte Single Scheuklappen auf, die ihn die Realität nicht sehen lassen. Sie wollen es nicht wahrhaben, falls etwas nicht zusammenpaßt. Selbst, wenn sie die Unzulänglichkeiten des Partners sehen, fühlen sie den Zwang, ihr Vorhaben doch durchzuführen, da Sie fürchten, die einzige Person zu verlieren, die Interesse an ihnen zeigt. Je länger diese Situation anhält, desto eher ist es möglich, daß die verzweifelten Singles ihre Maßstäbe herabsetzen. Allgemein waren ihre Maßstäbe sowieso nie hoch gewesen, sonst unterlägen sie nicht diesem Zwang, sich einen Partner zu beschaffen, und sicherlich würden sie es nicht tun, indem sie sich selbst derart zurücknehmen.

Erläuterungen

Genauso wie es Ihnen als verzweifelter Single an Selbstvertrauen mangelt, haben Sie auch keinen kritischen Blick für andere, und jedes Problem verstärkt das andere. Es ist ein Teufelskreis: Sie haben wenig Selbstwertgefühl und schätzen andere deswegen wertvoller ein. Demzufolge sind Sie nicht in der Lage, deren Fehler zu erkennen.

Mangel an Selbstwert und unkritische Bewunderung anderer bringen Sie in eine verletzliche Lage, wenn Sie als Single unglücklich sind. Es ist weniger wahrscheinlich, daß Sie einen passenden Partner wählen. Es wird Ihr Leben auch schwieriger gestalten, weil Ihre Meinung über Ihren Singlestatus Ihr Gefühl, nichts wert zu sein, verstärkt.

Wenn Sie sich Ihrer selbst nicht sicher sind und sich selbst nicht lieben, muß jedes Gefühl, etwas wert zu sein, von außen kommen. Diese grundsätzliche Unsicherheit bedeutet, daß es nichts gibt, was ihren Selbstrespekt nährt, wenn Sie allein sind. Erfolg im Arbeitsleben wird Ihr Leben einfacher machen, aber das wird als unwesentlich betrachtet.

Menschen mit mangelndem Selbstvertrauen werden oft ihre beruflichen Leistungen dem Glück oder Zufall zuschreiben, selbst wenn sie wirklich hart daran gearbeitet haben, sie zu erreichen. Sie werden oft von der Angst geplagt, «entdeckt zu werden». Ihr Alptraum ist, daß eines Tages ihr Vorgesetzter hereinkommt und ihnen ins Gesicht sagt, daß sie nur *vorgeben*, kompetent zu sein. Sie fühlen sich als Betrüger, weil sie ihre berufliche Stellung erreicht haben und meinen, daß sie besonders hart arbeiten müssen, um ihren Betrug auszugleichen.

Da sie sich nicht selbst moralische Unterstützung oder Anerkennung geben, sich aber gleichzeitig ohne diese leer und trostlos fühlen, bedürfen sie der Bestätigung von einem Partner. Die Funktion des Partners ist, der Welt zu verkünden, daß der verzweifelte Single liebenswert, etwas Besonderes und daher des Zusammenlebens oder im Idealfall der

Heirat wert ist. Anders gesagt, der potentielle Partner ist die Krücke, welche die gehemmte Selbstachtung des Singles stützt. Die Beziehung hat sehr wenig mit Liebe zu tun.

Aber wie kann das Selbstvertrauen eines Menschen so gering sein, daß er sich überhaupt in eine solche Situation bringt? Es gibt verschiedene Erklärungen dafür, aber zwei Faktoren sind sicherlich seine Persönlichkeit und Erziehung. Wenn Sie in einem Umfeld aufgewachsen sind, wo Sie nicht als eine wertvolle Person geschätzt wurden, die Beachtung verdient, kann es schwieriger für Sie sein, Selbstrespekt zu erlangen. Wenn dies mit einer scheuen und zurückgezogenen Persönlichkeit gekoppelt ist, wird das Problem noch mehr verstärkt.

Es ist jedoch immer möglich, an Ihrem mangelnden Selbstvertrauen zu arbeiten. Manchmal lernen wir, uns selbst durch Erfahrungen zu vertrauen, wobei wir anfangen, unsere eigenen Stärken wahrzunehmen; gelegentlich treffen wir die richtige Person zur richtigen Zeit (und das muß *nicht* unser Partner sein!), von der wir Selbstvertrauen lernen. Wenn alles schiefgeht, können wir jeder Zeit professionelle Hilfe suchen. Es ist unser Privileg zu entscheiden, ob wir unglücklich bleiben wollen oder unser Leben zum Besseren hin ändern.

6. *... und wie man die Fallen vermeidet!*

Jetzt kennen Sie all die Dinge, die schiefgehen könnten, und alles, was nach Ihrer Befürchtung passieren *könnte*, wenn Sie Single sind. In den letzten beiden Kapiteln haben wir uns damit beschäftigt, was den meisten Menschen Sorgen bereitet, wenn sie daran denken, eine längere Zeit ohne Partner zu leben. Der Grund, warum ich dies behandeln wollte: Wir alle neigen dazu, uns unzulänglich zu fühlen, wenn uns etwas Schwierigkeiten bereitet. Wir denken, daß es unsere eigene Inkompetenz ist, die uns vom mühelosen Übergang in eine neue Phase unseres Lebens abhält. Doch ein bestimmtes Maß an Unbehagen ist normal, wenn Veränderungen in unserem Leben auftreten. Unnötig ist, diese sorgenvolle und selbstzweiflerische Periode endlos auszudehnen.

Wenn Sie Ihren Partner gerade verloren haben, fühlt es sich an, als ob Ihr Singledasein niemals enden würde, als ob es niemals mehr einen anderen Partner für Sie gäbe. Natürlich weiß niemand von uns, wie lange wir Single sein werden, ob es fünf Wochen, fünf Monate oder fünf Jahre sein werden... Aber genauso kann keiner wissen, was für schöne Dinge gleich um die Ecke auf uns warten. Selbst der abgehärtetste Single ist nicht immun gegen einen neuen Partner, der in sein Leben tritt und es auf den Kopf stellt. Warum also nicht die Zeit genießen, während Sie darauf warten, daß genau das passiert? Oder warum sich nicht einfach eine schöne Zeit machen, basta? In den folgenden Kapiteln werde ich detailliert auf die verschiedenen Wege eingehen, wie Sie genau das erreichen. Es gibt vieles, was Sie tun können, um sich selbst zu helfen. Wenn Sie an Ihrem Selbstbewußtsein, Ihren sozialen Fähigkeiten und Ihrem persönlichen Wachstum arbeiten, gehen Sie sicher, nicht nur eine glücklichere Zeit mit sich selbst zu haben, sondern sich auch zu einem interessanteren Menschen zu entwickeln.

Umgang mit Veränderung

Für viele Menschen ist Veränderung furchterregend. Alles beinhaltet auf irgendeine Art eine Veränderung: ein neuer

Arbeitsplatz, ein Umzug, Vater werden, der Tod eines guten Freundes oder sogar gewöhnliche Ereignisse wie in Urlaub fahren. Jede neue Idee oder Situation bedarf der Änderung alter Muster, aber auch wenn diese unbequem und lästig waren, so waren sie doch wenigstens bekannt.

Sie mögen sich in Ihrer kleinen Wohnung mitten in der Großstadt nicht besonders lebendig fühlen, aber Sie wissen wenigstens, daß Sie sich eine gute Tasse Tee in Ihrer Küche machen können. Sie sind sich nicht so sicher, ob das auch für Ihr Urlaubsziel in Ibiza zutrifft! Auf ähnliche Weise mögen Sie sich über Ihre Beförderung freuen, aber gleichzeitig daran zweifeln, ob Sie den Anforderungen Ihrer neuen Verantwortungen gerecht werden können. Vielleicht waren Sie bei Ihren Versuchen, die Karriereleiter hinaufzuklettern, zu verwegen?

Dasselbe trifft natürlich auch auf Sie zu, wenn Sie mit der Tatsache konfrontiert sind, allein zu sein und daran gewöhnt waren, mit jemandem zusammenzusein. Sie fühlen sich aus Ihrer Mitte gerissen, unsicher über sich selbst, und darüber hinaus mangelt es Ihnen an einer Struktur, an die Sie sich halten können. Ein Arbeitsplatz kann sehr hilfreich sein, Ihnen eine grundlegende Struktur auf beruflicher Ebene zu geben.

Es kann Ihnen Sicherheit geben, während Sie sich an Ihren neuen Zustand gewöhnen. Manchmal kann Ihre Arbeit auch Ihre Bedürfnisse nach sozialen Kontakten befriedigen, falls Sie sich mit Ihren Arbeitskollegen wohl fühlen, aber das ist nicht immer der Fall. Oftmals sind Sie mit der Verantwortung, Ihr gesellschaftliches Leben neu zu gestalten, allein gelassen.

Der Trick, mit Veränderung umzugehen, liegt in der Kontrolle Ihres Denkens, weil die hauptsächliche Bedrohung vom Grübeln kommt. Lassen Sie mich ein Beispiel geben: Stellen Sie sich vor, Sie sind seit einiger Zeit von Ihrem Partner getrennt und verbringen eine weitere Nacht allein. Ihr Bett ist kuschelig und warm, aber irgendwie leer ohne den anderen. Sie können nicht schlafen. Es ist dunkel draußen, es gibt nichts im Fernsehen, Sie liegen mit offenen Augen da und fangen zu denken an. Es läuft gewöhnlich so ab: «Kein Schnarchen mehr, Gott sei Dank . . . Wie kommt es denn, daß ich das Schnarchen vermisse? . . . Oh, ich weiß wirklich nicht, was ich will. Mag sein, daß das alles ein Fehler war... Mein Gott, was habe ich getan? Vielleicht hätte ich etwas länger bleiben sollen, vielleicht wäre alles letztenendes doch noch gut geworden. Jetzt bin ich hier allein, und Tausende solcher Nächte liegen vor mir... Was ist falsch mit mir? Warum kann ich keine Beziehung aufrechterhalten? Vielleicht sind meine Erwartungen einfach zu hoch? Ich werde niemals wieder jemanden finden, ich kann nun mal keine Beziehung durchhalten.

Ich bin einfach nicht attraktiv/intelligent/interessant/belesen genug. Usw. usw...» Der Monolog könnte sich bis zu den frühen Morgenstunden fortsetzen, wenn Ihr Körper nicht intelligent genug wäre, Sie irgendwann einschlafen zu lassen. Jedoch ist der Schaden zu diesem Zeitpunkt bereits angerichtet. Ihr Selbstbewußtsein ist erschüttert und die Zukunft sieht schrecklich düster aus.

Das Merkwürdige an Nächten ist, daß sie die Dinge anders aussehen lassen – negativ und hoffnungslos. Der Grund ist, daß Ihr logischer Verstand (der allzeit aufmerksame Wachhund vor den Toren Ihres Unterbewußtseins) ein wenig einschlummert, wenn Sie müde werden. Alle Ängste und Zweifel, die Sie im Laufe der Jahre gesammelt haben, beginnen zum Vorschein zu kommen. Haben Sie bemerkt, daß der nächste Morgen nicht so trostlos aussieht? Weil Ihr logischer Verstand wieder aufmerksam bereitsteht und Ihnen sagt, daß da draußen sicherlich jemand ist, der zu Ihnen paßt, daß nicht alles verloren ist und überhaupt, Sie sehen letztendlich doch nicht so schlecht aus...!

Falls Sie diesen Optimismus jedoch gänzlich verloren haben, bedeutet das, daß Ihre Vergangenheit Sie noch fest im Griff hat und es Ihnen nicht erlauben wird, vertrauensvoll in die Zukunft zu schauen. In diesem Fall müssen Sie sich erst mit Ihrer Vergangenheit auseinandersetzen, bevor Sie weitergehen. So berichtete mir ein Interviewpartner:

> *«Egal wie sehr ich mich anstrengte, sie zu vergessen – sie ging mir immer im Kopf herum. Ich wußte, daß es mir nicht guttun würde, in der Vergangenheit zu hängen. Aber ich konnte mir nicht helfen. Schließlich ging ich zu einem Therapeuten, der mir half, mir über alles Klarheit zu verschaffen.»*

Tagebuch führen

Das Führen eines Tagebuches ist ein wirksamer Weg, Ihre Gedanken zu sortieren. Das Problem mit den Gedanken besteht darin, daß sie die Tendenz haben, ziellos umherzuwandern bis wir sie auf irgendeine Weise äußern können. Solange wir sie nicht aussprechen oder niederschreiben, können wir sie nicht mit der Realität vergleichen, und dann verlieren sie ihre Proportionen. Aufzuschreiben, was wir denken, zwingt uns, mit dem Prozeß der Beurteilung anzufangen, wobei wir uns durch das Geschehen der Vergangenheit verarbeiten und uns von ihm lösen. Es kann uns helfen, mit der Vergangenheit leichter ins reine zu kommen und öffnet uns Wege, uns neuen Situationen anzupassen.

Falls es schwierig für Sie ist, mit dem Schreiben anzufangen, betrachten Sie für einen Moment, was genau anders geworden ist. Lassen Sie nichts aus: Die allgemeinen Umstände, die Freundschaften, die endeten, weil Ihr Partner nicht mehr bei Ihnen ist. Die Schwierigkeiten, die Ihnen begegneten, weil Sie allein sind, und alle die verschiedenen und möglicherweise widersprüchlichen Gefühle, die Sie in sich entdecken.

Sie mögen überrascht sein, zwei völlig gegensätzliche Gefühle zur selben Zeit in sich zu haben. Verwitwete Menschen sind oft aufgebracht, weil Sie ihren Partner zwar vermissen, aber auch ärgerlich auf ihn sind. Dies scheint keinen Sinn zu ergeben, weil Sie nicht schlecht von jemandem denken sollten, den Sie lieben. Und doch, das Gefühl ist da! Sie ärgern sich, verlassen worden und nun auf sich selbst gestellt zu sein. Gefühle von Schuld und Scham tauchen auf, jemanden zu beschimpfen, der sich nicht mehr wehren kann.

Wenn Sie diese Gefühle nicht zulassen, verwirren sie sich und lassen ein Chaos entstehen. Durch das Aufschreiben kommt eine bestimmte Ordnung in Ihren Verstand. Das bedeutet nicht, daß Ihre Schwierigkeiten vorüber sind, aber es hilft, dem schmerzhaften Prozeß des Loslassens seine Härte zu nehmen. Wenn Sie Ihre Gefühle und Erinnerungen durcharbeiten, beginnen sie sich langsam zu verändern, als ob Sie eine Farbfoto in eine Schwarzweißaufnahme verwandelt hätten. Es ist sinnlos, so zu tun, als ob die Vergangenheit nie existiert hätte! Alte Erinnerungen werden in Ihrem Verstand auftauchen, ob Sie diese wollen oder nicht, so daß Sie sie genausogut zu Ihrem Vorteil nutzen können. Sie sind nicht in der Lage, sich in die Zukunft zu versetzen, wenn die Vergangenheit Sie noch festhält. Schreiben Sie Ihre Gedanken nieder, und vielleicht werden Sie diese dort ablegen können, wo Sie Ihnen nicht länger schaden können. Wenn Sie einen Gedanken aus Ihrem Kopf nehmen und betrachten, verändert er sich. Wenn Sie ihn wieder in den Kopf zurückbringen, ist er nicht mehr derselbe.

Reden über die Veränderung

Im günstigsten Fall kennen Sie jemanden, der Ihre Situation kennt und Ihre Gefühle versteht. Mit einem anderen Menschen zu reden, ist dem Schreiben ähnlich, da es Ihnen ermöglicht, sich Ihrer Gedanken auf konstruktive Weise zu entledigen. Es hat außerdem noch den Vorteil, die Reaktion eines anderen zu erleben, wenn Sie Ihre Gedanken aussprechen. Selbst wenn die andere Person Ihre Situation nicht wirklich versteht, kann es beruhigend sein, zu fühlen, daß jemand auf Ihrer Seite steht. Sympathie gibt Ihnen etwas Wärme und Stärke, die Ihnen beim Weitergehen helfen.

Es kann sich als konstruktiv erweisen zu hören, was ein anderer aus solchen vergangenen Situationen machte. Ihr Freund könnte in der Lage sein, einige seiner eigenen Beobachtungen beizusteuern. Manchmal fühlen wir uns kleinlich und engstirnig wegen unserer Aufregung über die Eigenarten unseres Expartners, nur um herauszufinden, daß ein Freund sie genauso ärgerlich empfand. Plötzlich löst sich das Schuldgefühl auf – was für eine Erleichterung! Hatten wir doch letztlich recht, daß wir verärgert waren. Wir kennen unseren Freund als sensiblen Menschen. Wenn er genauso wie wir empfindet, heißt das, daß wir nicht überempfindlich reagieren.

Für die meisten Menschen ist diese private, moralische Unterstützung ausreichend, um Ihnen durch die schwierigsten Phasen zu helfen, aber manchmal mag das nicht genug sein, und professionelle Hilfe muß in Anspruch genommen werden.

Die Unfähigkeit, eine vergangene Beziehung loszulassen, kann Ihr Leben ruinieren. Kopflos herumlaufen, bloß weil Sie nicht aufhören können über Ihren Expartner nachzudenken, kann Sie Ihre Gesundheit und auch Ihren Arbeitsplatz kosten. In meiner Praxis habe ich nicht wenige Klienten, die selbständig sind oder eine sehr hohe Position mit sehr viel Verantwortung haben und gerade mit diesem Problem konfrontiert werden. Sie wissen, daß, solange sie das Trauma der vergangenen Beziehung nicht überwunden haben, bankrott gehen oder ernsthafte Schwierigkeiten am Arbeitsplatz haben werden, weil sie sich einfach nicht mehr konzentrieren oder vernünftige Entscheidungen treffen können.

Sich mit der Vergangenheit auseinanderzusetzen hilft Ihnen, die Dinge nüchtern zu sehen. Es macht Ihre Situation nicht nur weniger schmerzhaft, sondern vermindert auch Ihr Gefühl der Verzweiflung. Sie nehmen neue Verhaltensweisen an und sehen sich selbst wieder in einem positiveren Licht. Mit Hilfe von Hypnose kann die Analyse schnell und wirksam sein, und oft können Resultate in weniger als acht Sitzungen erreicht werden (Fallstudien siehe «Positive Thinking» und «Wie man optimistisch bleibt, wenn ...»).

Mitmachen statt bekämpfen

Manchmal macht es Sinn, etwas Absurdes zu tun. Wenn Sie die Veränderungen, die Ihnen aufgedrängt wurden, nicht mögen, können Sie bewußt noch mehr Veränderungen kreieren. Wenn Sie Ihre Freundin verlassen hat, tapezieren Sie Ihr Zimmer mit Ihrer Lieblingstapete. Wenn Ihr Ehemann gestorben ist, verändern Sie die Aufteilung der Zimmer und stellen Sie die Möbel um: Das Wohnzimmer wird zum Schlafzimmer oder das Eßzimmer zum Gästezimmer usw. Wenn Sie unwillkommene Veränderungen ertragen müssen, können Sie diese gleichwohl nutzen, indem Sie noch einige Änderungen hinzufügen, die Ihnen gefallen. Da Ihr Leben sowieso schon aus den Fugen geraten ist, warum nutzen Sie dann nicht den Impuls und öffnen sich neuen Ideen? Sie haben nichts zu verlieren!

In Krisenzeiten haben Menschen Schritte getan, die ihnen zuvor als zu gefährlich, zu riskant oder zu beunruhigend erschienen. Sind sie aber erst einmal im Chaos, fühlen sie, daß sie nichts zu verlieren haben und auch gleich den ganzen Weg gehen könnten. Eine Freundin von mir erklärte es folgendermaßen:

«Als Peter mir sagte, daß er mit einer anderen Frau zusammen sei, war ich für einige Monate so schockiert, daß ich nicht mehr klar denken konnte. Zuerst wurde ich auf ihn zornig, dann wurde ich einsam und schließlich verzweifelt. Und dann begann ich zu denken, daß ich der Verzweiflung überdrüssig sei und beschloß, dieses Seminar in Reflexzonenmassage zu machen. Es machte mir nichts aus, es in meiner Freizeit zu machen – es gab sowieso nichts zu tun. Dieser Schritt hat mein Leben verändert. Mit Peter an meiner Seite hätte ich niemals den Elan gehabt, es zu tun.»

Eine persönliche Katastrophe in unserem Leben kann oft unsere wirklichen Stärken zum Vorschein bringen, zu unserer eigenen und anderer Leute Überraschung.

Das Merkwürdige an den Veränderungen ist, daß wir uns ihnen auf jegliche Weise widersetzen, solange sie nicht unbedingt erforderlich sind. Veränderungen machen uns nervös, und wir wünschen, sie würden sich irgendwie auflösen, so daß wir uns nicht mit ihnen befassen müssen. Das Problem liegt natürlich darin, daß wir die Auffassung haben, Veränderungen seien negativ. Diese vorgefaßte Meinung bestimmt unser anschließendes Verhalten. Um unser negatives Konzept der Veränderung zu überwinden, müssen wir unsere Wahrnehmungen von den vorgefaßten Einstellungen unterscheiden lernen.

Die meisten Menschen sehen, was sie zu sehen erwarten. Wenn sie sich allein, ohne Partner, vorfinden, erwarten sie, unglücklich zu sein, weil sie mit ihrem Partner glücklich waren. Und weil sie erwarten, unglücklich zu sein, sind sie unglücklich. Frauen, deren Ehemänner alles für sie getan haben, erwarten von sich, allein hilflos zu sein. So sind sie es dann auch. Was sie erwarten, wird unweigerlich passieren, weil sie sich entsprechend ihrer Erwartungen verhalten. Wenn sie glauben, nicht mit einer Bohrmaschine umgehen zu können, werden sie es nicht einmal probieren. Das heißt, daß sie es tatsächlich nicht lernen können. Wenn sie erwarten, daß sie ihre Waschmaschine nicht bedienen können, werden sie sich sträuben, es zu versuchen.

Nur wenn Sie den Drang verspüren, eine neue Aufgabe anzugehen, werden Sie sich eine Chance geben, Fortschritte zu machen und Ihr eigenes Leben in den Griff zu kriegen. Und das bringt mich zum letzten Punkt.

Verbesserungen üben

Lassen Sie uns annehmen, Sie haben sich gerade in die Situation gebracht, wo Sie aufgrund von Erlebnissen und Erlerntem aus der Kindheit glauben: «Ich werde nie in der Lage sein, mich an diese Veränderungen zu gewöhnen.» Wenn Sie sich eine Weile in diesem Zustand befunden haben, wird er zu einer Art Gewohnheit. Sie werden übrigens feststellen, daß Sie darin sehr talentiert sind, immer wieder zu denken, Sie könnten mit Ihrem neuen Leben nicht umgehen. Tatsächlich können Sie es aber perfekt. Lassen Sie uns jetzt beginnen, etwas Neues zu tun, denn aus meiner Erfahrung sind Menschen lieber glücklich als depressiv. Machen Sie sich keine Sorgen: Wenn Sie das bedrückende Gefühl vermissen, können Sie jederzeit zu ihm zurückkehren. Sie brauchen nur zu Ihrer alten Denkweise zurückzukehren . . .

Lassen Sie uns jetzt für einen Moment vorstellen, Sie hätten einen Schalter im Kopf, der die Polarität Ihres Verstandes von negativ auf positiv umstellt. Stellen Sie sich vor, wie es sein würde, wenn Sie plötzlich nur die guten Seiten Ihrer Situation sehen würden. Was ist ermutigend und vielversprechend? Nichts? Gut, schauen Sie jetzt noch einmal genauer hin. Sie werden schmollend und widerstrebend zugeben müssen, daß Sie ein oder zwei gute Dinge finden können. Wenn Sie erst einmal nach diesen Ausschau halten, werden Sie mehr und mehr finden. Verbleiben Sie mindestens fünf Minuten bei diesen positiven Aspekten! (Sie wußten nie, wie lange fünf Minuten sind, stimmt's?) Nehmen Sie jetzt wahr, wie Sie sich fühlen. Wahrscheinlich nur ein *bißchen* besser, aber das ist ein Anfang. Wußten Sie, daß dies genau der gleiche Weg ist, wie Sie gut im Unglücklichsein wurden? Sie begannen über zwei oder drei negative Seiten Ihrer Situation nachzudenken und erweiterten Ihr Repertoire auf ein Dutzend, bis Sie *wirklich* deprimiert waren. Dies funktioniert genauso, wenn Sie glücklich sein wollen. Üben Sie sich darin, möglichst viele optimistische Gedanken zu hegen, dehnen Sie die Zeit, in der Sie sich mit ihnen befassen aus und, siehe da, ein Lächeln taucht wieder auf Ihren Lippen auf. Spüren Sie, wie sich die Mundwinkel nach oben bewegen und schauen Sie jetzt schnell in den Spiegel. Das sieht gut aus, nicht wahr?

Jetzt kommen all die negativen Gedanken zurück. Natürlich tun sie das, denn sie waren für so lange Zeit da und werden ihre Stellung nicht kampflos aufgeben. Nun könnte Ihr Motto wieder sein: «Wenn Du sie nicht besiegen kannst, dann verbrüdere Dich mit ihnen.» Da die pessimistischen Gedanken nun sowieso da sind, werden wir ihnen richtig nachgehen.

Und so machen Sie es: Stellen Sie sich vor, Sie wären von Ihrem geliebten Partner verlassen worden und allein auf sich gestellt. Sie fühlen sich miserabel, einsam und völlig deprimiert. Sie sehen sich vor dem Fernseher herumhängen, die Füße auf dem Tisch, in einer Familienpackung Crackers herumwühlen, Ihren Mund vollstopfen, da es Ihnen sowieso schon egal ist, wie dick Sie werden. Es ist Ihnen alles egal, Ihre Augen starren hypnotisiert auf den Bildschirm, Sie sehen alle die Sendungen, die Sie immer haßten, weil alles sowieso bedeutungslos ist. Sie schütten noch mehr Likör/Schnaps/Bier in sich rein. Die Türglocke läutet, Sie gehen nachschauen, treten Crackers und Chips mit Ihren stinkenden Socken in den Teppichboden, und als Sie öffnen, steht Ihr Arbeitskollege vor Ihnen. Aber das stört Sie nicht. Bevor Sie ihm einen guten Abend wünschen können, stoßen Sie einen tiefen Rülpser aus. Der Kollege ist zutiefst beschämt, aber das macht nichts. Er verläßt Sie nach kurzer Zeit, weil es Ihnen nicht nach Reden war und Sie ihn einfach ignorierten, während er in dem einzig freien Sessel saß, der nicht mit Krümeln, leeren Bierdosen und dem letzten, angefangenen und erfolglos abgebrochenen Kreuzworträtsel übersät war. Der Kollege geht und erzählt jedem, was für ein schlampiger Mensch Sie wurden, und während Sie vor Ihrer Glotze sitzen, werden Sie dicker und dicker und schließlich sterben Sie, einen süßsauren Cracker kauend.

Kontrollieren Sie Ihr Gesicht wieder im Spiegel. Möglich, daß Sie wieder lächeln! Sie können das mit jedem negativen Gedanken machen. Nehmen Sie eine Szene, spinnen Sie diese ins Absurde aus, und sie wird ihren Schrecken verlieren. Sie werden Ihre Ängste nicht nur sehen, sondern sie auch komisch erscheinen lassen, und schon haben Sie sie in der Hand.

Ein positives Selbstbild entwickeln

Nicht wenige der Befragten waren sich der großen Diskrepanz zwischen dem, was sie glaubten, wie andere sie sehen, und wie sie sich selbst wahrnahmen, bewußt. Obgleich sie äußerlich erfolgreich und zuversichtlich erscheinen mochten, fühlten sie sich innerlich ganz anders und nicht halb so wunderbar.

Wir alle scheinen die Fähigkeit zu haben, auf zwei Ebenen zu leben. An der Oberfläche zeigen wir unsere Fähigkeiten und Talente der Außenwelt. Das ist die Showmasterebene, das Image, wo wir mühelos und leicht wirken und unsere Gefühle strikt unter Kontrolle halten. Dieses oberflächliche Verhalten setzen wir am Arbeitsplatz oder in Gesellschaft ein. Wir sind guter Laune, zuversichtlich und haben die Dinge im Griff.

Wenn wir jedoch bei unserer Familie und unseren Freunden oder allein sind, erlauben wir der anderen Ebene, zum Vorschein zu kommen. Lassen Sie uns diese als Intimebene bezeichnen. Auf ihr sind unsere Gefühle viel sichtbarer, speziell die des Selbstzweifels und der Unsicherheit. Weil wir weit verletzlicher sind, wenn wir diese Seite von uns zeigen, neigen wir zur Vorsicht, wem wir uns öffnen. Manche Menschen können es niemandem erlauben, diese Ebene zu sehen, zum Beispiel der Einsiedler oder fanatische Einzelgänger. Einige Menschen können nicht einmal sich selbst gestatten, diese tiefere Ebene zu betreteten, aus Angst vor dem, was sie vorfinden könnten.

Das kann zu einem schwerwiegenden Problem werden, denn ungeachtet Ihrer Überzeugung, wie wirkungsvoll Sie Ihre unerwünschten Gefühle unter Kontrolle haben, werden sie hie und da durchsickern. Durch Ableugnen ihrer Existenz können Sie diese Gefühle nicht verschwinden lassen. Im Gegenteil, Sie geben ihnen weit mehr Bedeutung, als sie wirklich haben und vergeuden Ihre gesamte wertvolle Energie, sie zu unterdrücken, statt sich mit ihnen konstruktiv zu befassen.

Menschen, die der Außenwelt ausschließlich ihre Intimebene zeigen, tun dies oft, um eine Situation zu manipulieren. Anderen über Ihre Schwächen und Unzulänglichkeiten zu erzählen, kann eine andere Art sein zu sagen: «Ich will keine Verantwortung übernehmen.» Wie der Mann, der gesteht, die Waschmaschine nicht bedienen zu wissen, oder die Frau, die erklärt, einen Stecker an ein Kabel nicht anschliessen zu können. Das sind alles Gelegenheiten, ihre Schwächen einzusetzen, um zu bekommen, was sie wollen. Im Falle des Mannes und seiner Unfähigkeit, mit der Waschmaschine umzugehen, bedeutet das, daß er sich nicht um seine Wäsche kümmern muß.

Bei der Frau ohne technisches Verständnis heißt das, daß sie jegliche unangenehme Aufgabe an jemand anderes weitergeben kann. Ihre Intimebene wird zu ihrer oberflächlichen Ebene. Bedeutet das, sie seien darunter recht stark? Nun, einige sind es, wenn man bedenkt, daß sie bekommen, was sie wollen, und andere für sich alle unangenehmen Arbeiten erledigen lassen. Eine ganz andere Frage ist, ob sie unbedingt sehr glücklich damit sind.

Um ein positives Selbstbild zu entwickeln, werden Sie letztendlich an Ihrer Intimebene arbeiten müssen. Kein äußerlich sichtbarer Erfolg wird ausgleichen können, daß Sie sich selbst nicht lieben oder an ständigem Selbstzweifel leiden. Haben Sie erst einmal Ihre wahren Gefühle geordnet, wird Ihre oberflächliche Ebene dementsprechend sein. Ein positives Selbstbild zeigt sich in der Art, wie Sie handeln und sich verhalten, und ebenso darin, was andere für Sie fühlen. Wenn Sie lernen, sich zu respektieren, werden Sie von anderen respektiert.

Wenn Sie spüren, daß Sie oberflächlich bereits recht erfolgreich sind, lässt sich an der Intimebene einfacher arbeiten. Es ist immer von Vorteil wahrzunehmen, daß Ihnen einige Dinge bereits gut gelingen. Sie können dann auf das positive Gefühl aufbauen, andere sähen Sie als Erfolgsmensch. Falls Sie sich jedoch nicht mögen *und* fühlen, von niemand anerkannt zu werden, wird die Aufgabe der Verbesserung Ihres Selbstbildes viel schwerer. Sie wissen nämlich nicht wirklich, was Sie erreichen wollen.

Einige Menschen können auf wenige Verdienste zurückblicken, andere hatten viele Erfolge. Kurioserweise ist es nicht die Anzahl der erzielten Erfolge, die Sie glücklich machen wird, sondern ob Sie Ihre Leistungen *anerkennen*. Das wird über Ihr Wohlgefühl mit sich selbst bestimmen! Zufriedenheit hängt davon ab, ob Sie in der Lage sind, Ihren Erfolg *wahrzunehmen* und ob er irgendeine Bedeutung für Sie hat.

Was wollen Sie?

Wenn Sie etwas in Ihrem Leben verbessern wollen, ist es sinnvoll, es genau zu definieren. Je allgemeiner Ihr Ziel ist, desto weniger ist die Wahrscheinlichkeit, daß Sie es erreichen. Welche Bereiche Ihres Lebens bedürfen einer Verbesserung? Welche Seiten Ihrer Persönlichkeit halten Sie davon ab, das Beste aus jedem Tag zu machen? Was fehlt Ihnen, um Sie glücklich zu machen? Nein, die richtige Antwort ist nicht «ein Partner, der mich liebt»! Was immer Ihnen fehlt, fehlt Ihnen innen und nicht außen.

Wenn Sie sich genau betrachten, werden Sie feststellen, daß Sie im ganzen gesehen nicht ohne jegliches Vertrauen, Selbstliebe oder innere Ruhe sind. Wir alle haben bestimmte Anteile dieser Qualitäten; tatsächlich haben wir eine ganze Menge dieser Werte – *aber nicht in den Bereichen, wo wir sie gerne hätten*. Wir mögen völlig zuversichtlich mit anderen Menschen reden, aber in dem Moment, wo wir jemanden attraktiv finden, verläßt uns der Mut. Oder wir mögen es einfach finden, im Büro unsere Meinung zu sagen, aber bei Freunden wagen wir nichts zu äußern: weil wir Angst haben, ihr Ansehen zu verlieren. Oder wir sind bis zur Schmerzgrenze ehrlich mit unseren eigenen Fehlern, aber ausweichend bei der Betrachtung der Unzulänglichkeiten anderer. Das kann dazu führen, daß jeder andere besser als wir selbst erscheint.

Sie können eine bestimmte Qualität besitzen und sie in einer bestimmten Situation anwenden, nicht aber in einer anderen. Das Resultat ist, daß, obwohl die Qualität vorhanden ist, Sie sich so verhalten, als ob Sie diese überhaupt nicht hätten. Diese Situation hat jedoch ihre positiven Seiten. Sie besitzen bereits in einem Bereich eine Stärke, die Sie nur noch in einen anderen zu *übertragen* brauchen, statt diese gänzlich neu aufbauen zu müssen.

Ansichten verändern

Ihre Ansichten zu verändern ist wahrscheinlich das Schwerste, das Sie tun müssen, um Ihr Selbstbild zu verbessern. Wenn Sie erst einmal eine Weile negativ über sich selbst gedacht haben, wird es zur Gewohnheit. Sobald eine Situation eintritt, wo Ihr Selbstwert überprüft wird, reagieren Sie dementsprechend. Es ist wie eine alte Schallplatte mit dem Lied «Du kannst es nicht, und selbst wenn Du es könntest, steht Dir der Erfolg nicht zu ...», die sich in Ihnen dreht. Selbst wenn Sie das Lied nicht mögen, es wird scheinbar immer dann automatisch abgespielt, wenn Sie erfolgreich sein möchten oder irgendwelche konstruktiven Veränderungen in Ihrem Leben machen wollen.

Um Ihre Ansichten vom Negativen zum Positiven hin zu verändern, müssen Sie das alte Lied löschen und durch ein freundlicheres ersetzen. Ein gute Methode, das «alte Lied» loszuwerden, ist, es aufmerksam zu beobachten und festzustellen, wer es Sie überhaupt gelehrt hat. Es besteht die Möglichkeit, daß Sie es gar nicht selbst erfunden haben. Abwertende, innere Botschaften gehen oft auf Ihre letzte Beziehung oder sogar weit bis in Ihre Kindheit zurück. Wenn Sie jeden Tag hören, Sie seien nutzlos, schwerfällig oder nicht liebenswert, werden Sie es schließlich glauben, gleichgültig ob die Aussage zutrifft oder nicht. Jedem kann eingeredet werden, wenig Selbstbewußtsein zu haben – es ist nur eine Frage der Zeit. Hat sich das Lied erst einmal gründlich in Ihr Unterbewußtsein eingenistet, spielt es weiter, auch wenn der «Erfinder» schon lange gegangen ist. Wenn ein Ehemann seine Frau tagtäglich herablassend behandelt, wird sie sich nach einer Weile wertlos fühlen. Wenn eine Ehefrau ihren Mann tagein, tagaus niedermacht, wird er sein Selbstbewußtsein zu verlieren beginnen – bis er ihrem Verhalten Einhalt gebietet.

Menschen können in einer unerträglichen Beziehung gefangen sein, weil sie diese negativen Botschaften ihres Partners glauben. Wenn sie sich zunehmend wertloser fühlen, zögern sie immer mehr, die Beziehung zu verlassen – weil sie glauben, keiner würde sie wollen. Auf diese Weise entsteht ein Teufelskreis, in dem sie ihr Mangel an Selbstvertrauen in einer unglücklichen Situation hält. Das ist für ein Kind noch schlimmer, das von seinen Eltern gänzlich abhängig ist und nicht einfach weggehen kann, wenn das Leben zu Hause unerträglich wird.

Setzen Sie sich einen Moment hin und betrachten Sie Ihre negative Aufzeichnung, Ihre alte Schallplatte. Wo haben Sie diese Versagensbotschaften zuvor gehört? Wann fingen sie an? Können Sie sich an eine Zeit erinnern, wo Sie sich besser mit sich selbst fühlten?

Der Grund, warum es hilfreich ist, den Vermittler dieses Liedes ausfindig zu machen, ist der, im nachhinein die Motive dafür entdecken zu können. Haben Sie sich jemals Gedanken darüber gemacht, warum ein Mensch andere unterdrücken muß? Nur Menschen, die unsicher sind und sich selbst nicht mögen, müssen andere klein machen. Wenn Sie sich als Versager fühlen, sind Sie unglücklich. Für einige Menschen ist eine Erleichterung von diesem negativen Gefühl nur dann möglich, wenn sie andere sich noch schlechter fühlen lassen – speziell, wenn diese vielversprechend scheinen oder Ehrgeiz zeigen. Der Erniedriger muß sein Ego durch körperliche oder emotionale Macht über andere stärken.

Es ist ein gängiger Fehler zu glauben, daß jemand Sie deshalb schlecht behandelt, weil etwas falsch mit Ihnen ist. In Wahrheit ist etwas falsch mit der Person, die jemand erniedrigt oder ihm Gewalt antut, aber nicht mit ihrem Opfer.

Wenn Sie zurückblicken, wann Sie von jemand erniedrigt wurden, versuchen Sie, sich diese Szene wie beim Betrachten eines Filmes anzusehen. Das wird Ihnen ermöglichen, das Geschehen aus einem anderen Blickwinkel zu betrachten, und zudem als Erwachsener. Es wird diesmal viel einfacher für Sie sein zu sagen, daß *nicht* alles Ihr Fehler war. Vielleicht hatte die andere Person ihre eigenen Gründe, warum sie es nicht ertragen konnte, Sie glücklich oder erfolgreich zu sehen.

Der Grund, warum ich Ihnen diese Rückschau empfehle, ist der, daß Ihre Fähigkeit, Ihr «altes Lied» aufzudecken, von seiner Glaubwürdigkeit abhängen wird. Wenn Sie fühlen, die alten Botschaften seien wertvoll und wahr, werden Sie diese beibehalten wollen. Falls Sie jedoch Lücken in ihnen entstehen lassen können, falls sie nicht mehr länger Ihrer Überprüfung standhalten, wird es Ihnen leichter, sich von ihnen zu befreien.

Altes mit Neuem ersetzen

Stellen Sie sich vor, Sie haben es fertiggebracht, den alten Botschaften ihre Glaubwürdigkeit zu nehmen oder schlicht beschlossen, daß Sie sie nicht mehr wollen. Die nächste Frage lautet, von wo Sie Ihre neue Botschaft bekommen. Es ist wichtig, den freien Platz der alten Botschaft zu füllen, sonst werden sich die alten Glaubenssätze zu leicht wieder einnisten.

Grundsätzlich kann Ihr «neues Lied» jeglichen Inhalt haben, was natürlich atemberaubende Möglichkeiten eröffnet. Es gibt jedoch einige Regeln, die Sie beachten sollten.

Positive und exakte Formulierung
Ihre neue Botschaft sollte positiv und genau formuliert sein. Hier sind einige Beispiele:
- Ich übernehme die Kontrolle und treffe meine eigenen Entscheidungen.
- Ich bin wertvoll, und mir steht das bestmögliche Leben zu.
- Ich löse Probleme zuversichtlich und leicht.
- Ich bin ruhig und gesammelt, während ich erfolgreich durch mein Leben gehe.

Regelmäßiges Üben
Um Ihr neues Gedankenmuster zu festigen, müssen Sie regelmäßig üben. Anfänglich wird das auf einer bewußten Ebene stattfinden. Sie werden Ihre positiven Gedanken bewußt wiederholen müssen, zehn- oder zwanzigmal täglich, für mindestens zwei oder drei Wochen, bis die Botschaft unterbewußt eingeprägt ist und automatisch in Ihrem Verstand auftaucht.

Vorstellungskraft nutzen
Nehmen Sie sich Zeit sich vorzustellen, wie es sein wird, wenn Sie einmal angefangen haben, positiv über sich zu denken. Stellen Sie sich vor, daß eines Nachts, während Sie schlafen, ein Wunder geschieht und Sie sich am nächsten Morgen nach dem Aufwachen zuversichtlich und zufrieden mit sich selbst fühlen. Woran würden Sie bemerken, daß sich etwas verändert hat? In welchen Situationen würden Sie sich anders verhalten? Was würden Sie zu tun beginnen, was Sie zuvor nicht konnten? Was würden Sie aufhören zu tun, was Sie sowieso nie tun wollten? Und überhaupt, wie würden andere Menschen bemerken, daß Sie sich verändert haben?

Durchhalten
Ich möchte Sie warnen – Sie werden sich seltsam vorkommen, diese neuen Gedanken zu wiederholen. Geben Sie nicht auf, auch wenn Sie sich etwas lächerlich vorkommen und am

Rande des Abbruchs Ihres egostärkenden Projekts sind. Alle neuen Ideen erscheinen am Anfang seltsam, einfach weil Sie nicht an sie gewöhnt sind. Es ist dasselbe mit einem Paar neuer Schuhe: Solange sie nicht eingelaufen sind, werden sie sich etwas unbequem anfühlen. Sie können sie entweder wegwerfen oder noch etwas tragen, bis sie richtig passen.

Wie außen, so innen ...

Es überrascht, wieviel Einfluß unsere äußere Erscheinung auf unser Selbstwertgefühl hat. Ein neues Kleid, ein neuer Anzug oder ein neuer Haarschnitt können unsere Stimmung wirklich heben, uns attraktiver fühlen lassen. Das ist zweifellos einer der Gründe, warum viele Frauen Makeup benutzen – sie fühlen sich besser, wenn sie wissen, daß sie gut aussehen.

Wie Sie sich präsentieren, Ihre Erscheinung und Ihr Aussehen, alles das sagt etwas über Ihre Einstellung zu sich selbst aus. Zu glauben, daß andere Menschen Sie zu mögen haben so wie Sie sind, ist schön und gut. Doch die Frage ist, ob *Sie* sich mögen wie Sie sind? Fühlen Sie sich glücklich mit dem was Sie sehen, wenn Sie in den Spiegel schauen?

Tendieren Sie dazu, Ihre äußere Erscheinung zu vernachlässigen, wenn Sie sich schlecht fühlen? Weil Sie so beschäftigt damit sind, unglücklich zu sein, haben Sie für eine Verbesserung Ihres Aussehens keine Zeit. Gewöhnlich argumentiert man in dieser Situation, man wolle sich darum kümmern, wenn man sich erst einmal besser fühlt. Aber warum bemühen Sie sich nicht um ein besseres Erscheinungsbild, um Ihrem Selbstvertrauen einen Schub zu geben? Es stimmt, daß, wenn Sie sich mit sich selbst wohl fühlen, Sie ganz automatisch mehr Interesse an Ihrer äußeren Erscheinung haben. Es funktioniert aber auch umgekehrt.

In meiner Praxis als analytische Hypnosetherapeutin gebe ich meinen Klienten (Frauen *und* Männern) «Hausaufgaben» und bitte sie, ihr Aussehen auf diese oder jene Weise zu verbessern. Wenn ich sie bei der nächsten Sitzung sehe, kommt eine viel glücklichere Person zur Tür herein, hoffnungsvoller und zuversichtlicher, daß sie eine Lösung für ihre Probleme finden wird.

Ein gepflegtes Äußeres heißt nicht, Sie müßten teure Kleider kaufen. Es bedeutet, daß Sie sich um sich selbst kümmern. Das ist eine Erklärung an Sie selbst und jeden um Sie herum: Sie sind es sich selbst *wert*, gut auszusehen und dafür etwas zu tun. Damit ist die Hälfte des Weges zu einem positiveren Selbstbild bereits bewältigt.

Neue gesellschaftliche Fähigkeiten entwickeln

Wie wir in den vorangegangenen Interviews gesehen haben, bestehen beträchtliche Unterschiede zwischen dem Bild, wie sich Menschen im Zusammensein mit anderen sehen, und ihrer inneren Realität, wie sie sich selbst empfinden. Mit sich allein sein verschiebt den Fokus auf sie selbst und das bedeutet, daß sie die Verantwortung für ihren gesellschaftlichen Erfolg oder Mißerfolg zu übernehmen haben. Sie können niemand anderen zum Schuldigen machen. Ein Partner kann nützlich sein, weil Sie sich hinter ihm oder ihr verstecken können, sich hinter des Partners Schatten hertrotten oder ihn alle Gespräche führen lassen. Das mag etwas langweilig, aber viel sicherer sein, als sich selbst der prüfenden Blicke einer Gruppe auszusetzen.

Es gibt viele Wege, sich hinter jemandem zu verbergen, ebenso wie es bestimmte hilfreiche, gesellschaftliche Einstellungen gibt, sich unsichtbar zu machen. Eine ist, auf jemanden mit «Brians Freundin» oder «Anitas Ehemann» hinzuweisen, oder wie es in den USA üblich ist, eine Ehefrau mit dem vollen Namen des Ehemannes anzusprechen, zum Beispiel «Frau John Rogers». Es würde Sie wundern, wie sich Herr Denis Thatcher fühlte, würde er mit «Herr Margret Thatcher» vorgestellt werden . . .

Wir können bezüglich gesellschaftlicher Eigenheiten nicht viel tun, aber bestimmt können wir etwas an unserer eigenen Einstellung arbeiten. Als jemandes Anhängsel gelebt zu haben, macht die Aufgabe nicht besonders einfach, aber eine Veränderung kann geschehen, wenn Sie sich ein bißchen dafür anstrengen. Meine Interviewpartner, die an ihrem Vertrauen und an ihren sozialen Fähigkeiten gearbeitet hatten, berichteten, daß sie sich die positiven Veränderungen in ihrem späteren Leben nicht vorstellen konnten. Eine Frau drückte es so aus: «Es gibt nichts Besseres als das Gefühl, dein eigener Herr zu sein.»

Gleichzeitig bestätigten die Befragten auch, sie hätten hinsichtlich ihrer Erfolgschancen anfänglich tiefe Zweifel gehabt. Viele sorgten sich, in ihrem gesellschaftlichen Umfeld als Single aufzutreten, wo sie zuvor als Teil eines Paares bekannt waren. Nicht wenige Personen gestanden, von nervöser Anspannung erschöpft zu sein, wenn ihnen bevorstand, ohne Partner in der Öffentlichkeit aufzutreten. Die Furcht schwand jedoch durch die Erfahrung mehr oder weniger schnell, abhängig von der individuellen Veranlagung. Einige fanden zu ihrer Überraschung heraus, daß sie es eigentlich *bevorzugten*, allein zu gesellschaftlichen Ereignissen zu gehen. Sie fühlten sich weniger «behindert» und mehr «sich selbst».

Kommunikation ist die Basis aller erfolgreichen Sozialkontakte. Das bedeutet nicht, Sie müßten der schnellste Redner sein oder die interessanteste Arbeit oder Hobbys vorzuweisen haben. Kommunikation findet auf vielen Ebenen statt. Sie beinhaltet Fähigkeiten wie Zuhören und auch Reden, die in jeder Situation angewendet werden können: Ein lockeres Zusammensein, die Weihnachtsfeier des Betriebes in einem teueren Restaurant oder die Jahresversammlung des lokalen Hundezüchtervereins. Wo immer Menschen zusammenkommen, sind bestimmte Grundregeln angebracht. Wenn Sie diese einmal verstanden haben, können Sie sie überall anwenden und darauf vertrauen, erfolgreich zu sein.

Reden ist Silber, Zuhören ist Gold

«Ich mag nicht zu Parties gehen, denn ich weiß nie, was ich sagen soll.» Es stimmt schon, daß Sie am Geschehen in einer Gruppe teilnehmen müssen, wenn Sie etwas davon haben wollen. Die fälschlichste Annahme ist daher, daß es der Person am besten geht, die am meisten redet und am lautesten lacht. Kommunikation ist jedoch eine wechselseitige Angelegenheit. Eine erfolgreiche Kommunikation braucht einen Sprecher *und* einen Zuhörer. Wenn jeder ständig redete, würde niemand ganz glücklich damit sein. Die Freude daran, eine Geschichte zu erzählen liegt darin, aufmerksame Zuhörer zu haben.

Ein guter Zuhörer kann der beliebteste Mensch in einer Gruppe sein. Die Menschen fühlen sich zu der stillen Person hingezogen, *vorausgesetzt, die Ruhe wird als Interesse an dem Gesagten empfunden*. Es ist daher nicht ratsam, Ihre Fingernägel zu untersuchen oder die Tapete anzustarren, während Ihr Gegenüber spricht. Es ist aber auch nicht notwendig, die ganze Zeit Augenkontakt zu halten. Es ist oft einfacher, etwas aufzunehmen, wenn Sie gelegentlich von Ihrem Partner wegschauen, ebenso wie Sie auch nicht dauernd Ihren Partner anschauen, wenn Sie reden. Wenn Sie das nächste Mal ein Gespräch zwischen zwei Menschen beobachten, achten Sie doch einmal auf die Häufigkeit der Augenkontakte, während beide reden bzw. zuhören.

Es gibt einen Unterschied zwischen «aktivem» Zuhören und dem, was ich «leeres» Zuhören nenne. Einige Menschen feuern einfach eine Reihe von Fragen an Sie ab und gehen zu der nächsten Serie über, bevor Sie geantwortet haben. Diese Menschen nehmen nicht wirklich auf, was Sie sagen, und hinterlassen oft bei Ihnen das Gefühl, getestet oder verhört worden zu sein. Dieses Zuhören ist «leer», da es bedeutungslos ist. Wenn Ihnen jemand «aktiv» zuhört, integriert er die Information, die er von Ihnen erhalten hat, in seine eigenen Erfahrungen. Ein aktiver Zuhörer wird daher sicherstellen, die andere Person verstanden zu haben. Falls nicht, wird er nachfragen oder Annahmen anbieten, wie er die Sache sieht und sich gegebenenfalls vom anderen korrigieren lassen. Wenn Sie etwas aus dem, was Sie gehört haben, lernen wollen, mögen Sie sowohl zuhören als auch sprechen müssen.

Jeder Redner braucht irgendeine Reaktion von seinen Zuhörern. «Ach, wirklich?» ist nett, aber nicht anregend oder ermutigend. Ein guter Zuhörer kann sich in seinen Redner hineinversetzen und zeigt, daß er die Sache versucht zu verstehen.

Nicht alles, was Sie zu hören bekommen, wird jedoch interessant. Sie haben natürlich das Recht, sich auszusuchen, um welche Person Sie sich besonders bemühen wollen. Es ist sinnlos, sich einem dreißigminütigen Monolog über Leute, die sie nicht kennen, auszusetzen. (Es sei denn, Sie mögen diese Art von Geschichten.) Nur weil Sie selbst kein talentierter Konversationskünstler sind, heißt das nicht, Sie müßten sich mit anderer Leute verbalem Unsinn befassen. Sich negativen Gesprächen aussetzen ist unangenehm und entmutigend. Setzen Sie sich dem deshalb freiwillig so wenig wie möglich aus. Es gibt in unser aller Leben Zeiten, wo wir mit Freunden oder Verwandten streiten und uns mißverstehen. Das passiert zwangsläufig und ist nicht vermeidbar. Trotzdem müssen Sie sich nicht in Ihrer Freizeit, z. B. bei einer Party, unangenehmen Unterhaltungen aussetzen: Versuchen Sie wegzugehen, wenn Sie mit jemandem zusammen sind, der in abfälliger Weise über andere redet, prahlt oder unaufhörlich über das Los seines Lebens jammert. Gejammer und negatives Gefasel hat keinen weiterbildenden Wert. Finden Sie Menschen, die positiv und es wert sind, daß man ihnen zuhört.

Qualität statt Quantität

Menschen mit Kommunikationsproblemen sagen oft, sie fühlten sich nicht ausreichend über die momentanen Vorgänge informiert, um sich an einer allgemeinen Diskussion zu beteiligen. Sie fürchten, nichts Interessantes oder Wertvolles beitragen zu können und sorgen sich, dumm zu klingen und ihr Gesicht vor den anderen zu verlieren.

Es wäre selbstverständlich unsinnig, über etwas zu reden, was Sie nicht kennen, nur um überhaupt etwas von sich zu geben. Trotzdem können Sie Ihre Meinung äußern, auch wenn Sie sich nicht ganz sicher sind. Es kommt immer darauf an, wie Sie das tun. Anstatt Ihre Ansicht als eine Tatsache hinzustellen, können Sie sie als Frage formulieren. «Sind nicht die internen finanziellen Schwierigkeiten des Landes X die Ursache der Probleme?», ist eine vorsichtige Betrachtung, als «Natürlich ist X in großen finanziellen Schwierigkeiten!». Bluffen ist gut, wenn Sie die Nerven dazu haben. Aber es kann ganz schön peinlich werden, wenn sich jemand herumdreht und «Welche finanziellen Schwierigkeiten?» fragt – Sie können nämlich nicht antworten, weil Sie die Information nur von einem flüchtigen Blick auf die Schlagzeile der Zeitung haben. Wenn Sie aber durch Ihre Art der Aussage klar ausdrücken, daß Sie sich nicht als ein Experte dieses Themas betrachten, tragen Sie nicht nur zum Gespräch bei, sondern regen es zudem an. Gewöhnlich gibt es einige besser informierte Personen in der Gruppe, die Sie ganz gerne aufklären werden wollen. Und ehe Sie sich versehen haben, haben Sie etwas Neues gelernt.

Allgemein hat es den Anschein, Männer fühlten sich kompetenter bei Themen der Politik und des Geschäftslebens. Frauen hingegen fühlen sich sicherer bei psychologischen Themen wie Beziehungen, Gefühlen und persönlichen Belangen. Da es immer noch eine unterschiedliche Erziehung für Mädchen und Jungen gibt, ist dies unausweichlich. Auch wenn sich die Zeiten geändert haben, werden Mädchen immer noch darin unterstützt, die fürsorglichen, freundlichen Aspekte ihrer Persönlichkeit zu entwickeln, während Jungen dazu erzogen werden, Versorger und praktischer (wenn nötig harter) Unterhändler mit der Außenwelt zu werden. Das mag ausschlaggebend für die verschiedenartigen Interessen von Männern und Frauen in ihrem späteren Leben sein. Wenn Sie sich für etwas interessieren, werden Sie sich eher damit befassen und mehr Kenntnisse haben. Daraus resultierend werden Sie bei Gesprächen selbstsicherer.

Es ist eine gute Idee, sich die Mühe zu machen, die Zeitung und nicht nur das Fernsehprogramm zu lesen. Aktuelle politische Vorgänge und gesellschaftliche Themen zu kennen wird Ihnen helfen, sicherer an allgemeinen Gesprächen teilzunehmen.

Vergessen Sie nicht, daß Sie nach außen gehen müssen, um als Alleinstehender Ihr Bedürfnis nach menschlichen Kontakten befriedigen zu können. Damit Ihre Ausflüge in die Außenwelt erfreulich sind, möchten Sie sich erfolgreich fühlen. Ein Weg dahin ist sicherzustellen, daß Sie etwas zu sagen haben. Je mehr Interessen oder Hobbys Sie haben, desto einfacher ist es.

Aber was ist, wenn Sie scheu sind? Sie mögen etwas zu sagen haben, sind es aber nicht gewohnt, über sich oder über Ihre Interessen zu reden. Folglich antworten Sie, wenn Ihnen jemand eine Frage stellt, nur in kurzen Sätzen und ziehen sich dann wieder in Ihr Schneckenhaus zurück. Das Problem dieses Verhaltens ist, daß es eine peinliche Stille erzeugt und die Unterhaltung unterbricht. Es läßt Sie zurückhaltend und mißmutig erscheinen; die andere Person könnte leicht meinen, ein verbotenes Territorium betreten zu haben.

Sie können etwas ganz Einfaches tun, um diese Situation nicht entstehen zu lassen: Machen Sie es sich zur Regel, immer mehr als einen Satz zu antworten. Lassen Sie mich Ihnen einige beispielhafte Dialoge zeigen, die auch die vom

Zuhörer verstandene Bedeutung Ihrer Antwort enthält. Stellen Sie sich vor, jemand spricht Sie bei einem Treffen an:

Fremder: «Und woher kennen Sie den Gastgeber?»
Sie: «Von der Arbeit.»
(«Ich bin nicht interessiert, mit Ihnen zu reden. Ihre Frage ist langweilig.»)

Viel besser wäre:
Fremder: «Und woher kennen Sie den Gastgeber?»
Sie: «Wir arbeiten zusammen in der Firma Jenner. Er in der Buchhaltung und ich im Marketing.»
(«Es ist schön, daß Sie sich für mich interessieren. Ich bin froh, daß wir eine kleine Plauderei haben können.»)

Ein anderes Beispiel:
Fremder: «Haben Sie den neuesten Film von Woody Allen gesehen?»
Sie: «Ja.»
(«Ja, aber ich habe keine Lust, mit Ihnen darüber zu reden.»)

Viel besser wäre:
Fremder: «Haben Sie den neuesten Film von Woody Allen gesehen?»
Sie: «Ja, aber er gefiel mir nicht besonders. Er kam mir etwas zu lang vor. Was denken Sie?»
(«Ja, ich bin erfreut, mit Ihnen darüber reden zu können und interessiert herauszufinden, wie Sie ihn fanden.»)

Indem Sie etwas genauer bei Ihren Antworten sind, signalisieren Sie dem anderen Menschen, daß Sie ihn ernst nehmen und er eine ausgiebige Antwort wert ist; mit anderen Worten, Sie fördern die Fortsetzung der Unterhaltung.

Wenn Sie auf einer Party niemanden kennen, kann der Gang einer Unterhaltung etwas schwierig sein, speziell wenn Sie sich leicht langweilen. Vergessen Sie aber nicht, daß ein belangloses Gespräch seine Vorteile hat: Es gibt Ihnen Gelegenheit, einen ersten, allgemeinen Eindruck von Ihrem Gegenüber zu gewinnen, d. h. wie es spricht und sich verhält. Es ist auch sinnvoll, erst einmal bei allgemeinen Dingen zu bleiben, bis Sie Ihren Gesprächspartner näher kennengelernt haben.

Menschen neigen bei einer ersten Begegnung dazu, vorsichtig mit dem zu sein, was sie von sich preisgeben – daher die Unterhaltung über das Wetter und die letzten, politischen Neuigkeiten. Eine Ausnahme ist das Zusammentreffen zweier Fremder, die sich im Zug alles über sich erzählen. Es ist anders, wenn Sie wissen, den anderen nicht mehr wiederzusehen...

Um Ihre Fähigkeiten zur Unterhaltung zu verbessern, müssen Sie üben zuzuhören und empfänglich zu sein, aber auch selbst zu reden. Wenn Sie sich auf das Zuhören konzentrieren und an Ihrer «Mehr-als-ein-Satz-Antwort»-Technik arbeiten, sind Sie auf bestem Weg, ein guter Gesprächspartner zu werden.

Gastfreundschaft

Wenn Sie Gäste haben oder Freunde zum Übernachten einladen, gibt es einige Methoden, um sicherzustellen, daß sie sich bei Ihnen wohl fühlen.

Als Gastgeber(in) sind Sie der/die einzige, der/die alle Gäste kennt. Deshalb ist es Ihre Aufgabe, dafür zu sorgen, daß sich die Leute so schnell wie möglich gegenseitig kennenlernen. Es ist klug zu vermeiden, daß ein paar Leute in Ihrem Wohnzimmer herumstehen und nicht wissen, was sie miteinander reden sollen.

Wenn Ihre Gäste eintreffen, nehmen Sie die zugänglichen und extrovertierten Personen und stellen sie jemandem vor, indem Sie über jeden ein paar Informationen geben. Zum Beispiel: «Helen, das ist Miranda Dixon, die mit mir arbeitete, als ich noch bei Beechams war. Und das ist Helen Smith, die im gleichen Krankenzimmer lag, als ich letztes Jahr meinen Blinddarm herausoperiert bekam.»

Was Sie damit machen ist, den Anfang einer Unterhaltung zwischen den beiden Frauen zu erleichtern. Beide Gesprächspartner haben jetzt einen Anhaltspunkt durch die Hintergrundinformation, die leicht zu weiteren Fragen oder Kommentaren führen kann. Sobald jeder im Raum in ein Gespräch verwickelt ist, wird die Atmosphäre entspannter, und jeder Neuankömmling wird von einer einladenden Geräuschkulisse begrüßt, was diesem das Gefühl vermittelt, in eine Gruppe von Menschen zu kommen, die sich amüsieren.

Nach einer Weile mögen Sie herumgehen und feststellen wollen, ob sich niemand ausgeschlossen fühlt oder allein ist. Haben Sie besonders scheue Gäste, dann können Sie diesen helfen, indem Sie sich einige Zeit mit ihnen beschäftigen, um sie aus ihrer Reserve zu locken, bevor Sie sie anderen Gästen vorstellen.

Seien Sie aber nicht zu übereifrig mit Ihrem Vorstellen. Ich beobachtete einmal eine Gastgeberin, die ungeachtet der stattfindenden Unterhaltung den Sprecher in der Mitte eines Satzes unterbrach, wegschleppte und einem anderen Menschen vorstellte. Sie tat das noch mit einigen anderen Gästen, bis sie schließlich den richtigen traf. Der Mann, den sie grob unterbrochen hatte, entwand seinen Arm ihrem Griff und sagte ihr, er sei mitten in einer Unterhaltung und wünschte sie fortzusetzen.

Je weniger Gäste Sie haben, desto mehr werden Sie sich selbst amüsieren können. Wenn Sie sich um viele Menschen kümmern müssen, können Sie den ganzen Abend mit Herumlaufen verbringen, um festzustellen, ob jeder genug zu Essen und zu Trinken hat und sich angeregt mit jemandem unterhält.

Ganz anders ist die Situation, wenn Sie nur einen Gast haben. Zu zweit ist die Aufmerksamkeit immer ungeteilt, obwohl dies das Zusammensein intensiver macht. Wenn Sie sich gut verstehen, macht es den Besuch sogar schöner. Haben Sie sich aber nichts zu sagen, wird die Situation weit unangenehmer sein als in einer Gruppe. Dort haben Sie mehrere Menschen, denen Sie sich zuwenden können, wenn Sie Ihren Gesprächspartner nicht mögen. Anfänglich könnte es ratsam sein, den Besuch kurz zu gestalten. Zum Beispiel zum Tee am Nachmittag oder auf einen Drink am Abend. Wenn Ihnen die Situation nicht zusagt, können Sie immer noch andeuten, daß Sie zu einer bestimmten Zeit gehen müssen und damit den Besuch zeitlich begrenzen.

Natürlich wollen Sie sich um Ihren Besuch kümmern und werden ein schönes Essen, oder was auch immer der Tageszeit entspricht, anbieten wollen. Das ist gut so. Achten Sie aber darauf, Ihre Vorbereitungen nicht zu übertreiben. Es kann etwas übertrieben wirken, wenn man zum Tee eingeladen wird und sich die Tische des Gastgebers unter Snacks, Kuchen und Plätzchen biegen. Versetzen Sie sich in die Rolle des Gastes – Sie würden unsicher werden, ob Sie jemals in der Lage wären, die Einladung zu erwidern, weil Sie nicht eine solche Vielfalt kulinarischer Köstlichkeiten bieten könnten.

Denken Sie darüber nach, was Ihnen ein angenehmes Gefühl vermitteln würde, wenn Sie eingeladen wären: das Essen oder die Gesellschaft? Wenn die Unterhaltung interessant ist, schenken Sie dem Essen kaum Aufmerksamkeit. Sind Sie aber gelangweilt, wäre der wahrscheinlichste Gedanke: «Nun, wenigstens war das Essen gut.» Essen ist zweitrangig, außer es ist besonders gut oder schlecht.

Ein anderer Fehler, der vermieden werden sollte, ist der, zu lange in der Küche zu bleiben, während Ihr Gast schon da ist. Ihre Vorbereitungen sollten abgeschlossen sein, damit Sie sich aus vollem Herzen Ihrem Gast widmen können. Schließlich gibt es einen Grund, warum Sie sich entschieden haben, von diesem Menschen besucht zu werden: Sie mögen ihn oder wollen sein Freund werden. Sorgen Sie dafür, daß dies durch die Art und Weise, wie Sie mit Ihrem Gast umgehen, vermittelt wird. Je wohler sich Ihr Gast fühlt, desto besser fühlen Sie sich, und mit jedem gelungenen Besuch wird Ihr Selbstvertrauen weiter wachsen.

Freunde gewinnen

Scheinbar nimmt nach der Schule, Universität und einer dauerhaften Arbeit das Tempo ab, mit dem Sie Freunde finden. Sie werden dazu neigen, jeden Tag dieselben Gesichter zu sehen, wenn Sie sich in eine berufliche Routine eingelebt haben.

Als Jugendlicher gibt es insgesamt mehr Möglichkeiten, neue Menschen kennenzulernen. Sie können es in der Schulzeit gar nicht vermeiden, andere zu treffen und kennenzulernen. Es gibt viele Möglichkeiten, Freunde zu finden: in der Gruppenarbeit, auf Schulfesten, Ausflügen und beim gemeinsamen Sport. Auch die anderen Kinder in der Nachbarschaft können neue Freunde werden. Und wenn Sie Verwandte in Ihrem Alter haben, die Sie regelmäßig sehen, erschließt das noch mehr Möglichkeiten.

Das wird jedoch nicht jedem Kind passieren, auch wenn es gewöhnlich viele Möglichkeiten für neue Freundschaften gibt.

Scheu kann sich als ein Hindernis herausstellen. Zum Beispiel, wenn ein Kind nicht auf andere zugehen kann und daher nicht wahrgenommen wird oder wenn es, was noch schlimmer ist, ausgeschlossen wird. Wenn ein solches Kind die Schulzeit meistens außer Haus in einer Tagesschule oder einem Internat verbracht hat, kann es schwerwiegende Konsequenzen für seine Fähigkeit haben, im späteren Leben Beziehungen zu gestalten. Wenn diese Kinder nicht in der Lage sind, sich problemlos in eine Gruppe oder einen Verein einzufügen, können sie verzweifelt einsam werden. Wenn ihre Hilferufe von den Eltern ignoriert oder zurückgewiesen werden, können die Auswirkungen wahrhaftig schwerwiegend sein: sie wachsen mit dem Gefühl auf, gesellschaftlich ein Versager zu sein.

Im späteren Leben vermindern sich die Möglichkeiten, neue Menschen zu treffen, da sie sich nicht mehr länger automatisch ergeben. Solange Sie sich nicht aktiv um Begegnungen mit anderen bemühen, zum Beispiel durch Ausgehen, Mitgliedschaft in Vereinen, Teilnahme an Abendschulen usw., werden Sie leicht den Kontakt mit der Außenwelt verlieren. Für viele Menschen sind, neben ihrem Partner, die Arbeitskollegen ihre hauptsächlichen sozialen Kontakte. Ist der Partner nicht mehr länger da oder sind die Beziehungen am Arbeitsplatz unbefriedigend, kann das soziale Netzwerk schnell zusammenbrechen.

Neben der Tatsache, daß Sie Freunde brauchen, um Ihrem Leben Vielfalt zu geben und andere Standpunkte kennenzulernen, sind diese auch unverzichtbar als Unterstützung. Wenn Sie Ihr Elternhaus verlassen, müssen Sie ein verläßliches soziales Netzwerk aufbauen, eine gesellschaftliche «Familie». Sogar die unabhängigste Person braucht andere Menschen, mit denen sie ihre Erfahrungen und Gefühle teilen kann und die ihren Wert anerkennen bzw. bestätigen.

Wenn Menschen eine Beziehung mit einem Partner eingehen, werden Freundschaften oft vernachlässigt – zumindest anfänglich. Nach einer Weile, wenn sich die feste Beziehung mit ihrem Partner stabilisiert hat, werden die Freundschaften wieder aufgenommen, weil sie ein Gegengewicht zur Beziehung bieten, sozusagen einen Bezugspunkt nach außen.

Es ist nicht klug, Ihre Freundschaften wegen Ihrer Beziehung abzubrechen oder zu vernachlässigen, weil Sie einen großen Vorzug gegenüber der Beziehung haben – Sie sind nicht sexuell motiviert und erfordern nicht Ihre ständige Anwesenheit. Das bedeutet weniger Anstrengung und daher mehr Wohlbefinden zwischen Freunden. Beide Seiten müssen weniger Kompromisse eingehen als in einer sexuellen Beziehung. Und weil jeder mehr mit sich selbst bleiben kann, fühlt er sich wohler mit dem anderen.

Auch wenn Freundschaften der körperliche Aspekt einer Beziehung fehlt, sind sie eine wichtige Quelle emotionaler Nähe und können dadurch eine stabilisierende Wirkung auf die Psyche haben. Deswegen betrachte ich verläßliche Freundschaften als eines der fundamentalsten Erfordernisse für ein glückliches Singledasein.

In diesem Zusammenhang ist es wichtig zu verstehen, was eine Freundschaft erhält und wie man neue Freunde gewinnt – aber es ist ebenso bedeutsam, sich selbst ein guter Freund zu sein. Die folgenden Seiten werden Ihnen Anregungen geben, wie Sie Freunde finden und Freundschaften erhalten. Die Strategien sind denen einer erfolgreichen Beziehung sehr ähnlich. Ihr Wissen wird sich also als nützlich erweisen, sollten Sie beschließen, eine andere, neue Beziehung einzugehen.

Enge Freundschaften sind bei Frauen immer noch üblicher als bei Männern, zumindest bei heterosexuellen Männern. Es fällt den Frauen auch leichter, mit Freundinnen über ihre Gefühle zu reden, als Männern, die ihren Wert eher von ihren beruflichen Leistungen als von zwischenmenschlichen Beziehungen abzuleiten scheinen. Das soll nicht heißen, Männer wollten oder brauchten keine Freundschaften, aber sie konzentrieren ihre Bemühungen bestimmt nicht wie Frauen auf sie. Ich erwarte daher, daß einige männliche Leser mit diesem Kapitel etwas verwirrt sein werden und sich sogar etwas zurückhaltend fühlen mögen, die angebotenen Ideen anzunehmen. Wie es auch sei, warum sich nicht hin und wieder neue Konzepte im Leben ansehen? Man weiß nie, vielleicht mögen sie Ihnen eine völlig neue Welt eröffnen . . .

Vertrauen Sie Ihren Gefühlen

Wenn Sie neue Menschen treffen, neigen Sie zu einer instinktiven Reaktion. Da gibt es einige Menschen, die Sie praktisch sofort nicht mögen, anderen fühlen Sie sich ganz nah, obwohl Sie diese eben erst getroffen haben. Ob Sie es «Ausstrahlung» oder «Chemie» nennen, Tatsache ist, daß ein irrationaler Prozeß in dem Moment in Gang gesetzt wird, wenn Sie einen anderen Menschen ansehen. Diese unterbewußte Reaktion unterscheidet sich von Vorurteilen oder vorgefaßten Meinungen, die beide auf einer Kombination von vergangenen Erlebnissen und momentanen Bedürfnissen beruhen.

So sehr wir auch offen für andere sein mögen, wir haben dennoch bestimmte Erwartungen über das Aussehen unserer Freunde, ihre Kleidung und ihre grundsätzliche Einstellung zum Leben. Je mehr Übereinstimmung wir mit einem anderen Menschen haben, desto eher werden wir ihn als Freund wählen.

Wenn wir jemanden zum ersten Mal treffen, treten unsere vorgefaßten Bilder sofort in den Vordergrund, und wir beginnen, den anderen geistig in eine bestimmte Kategorie einzuordnen. Er oder sie ist «konservativ» oder «liberal», «unkonventionell» oder «bürgerlich-ordentlich», «clever» oder «naiv» usw. Diese Kategorien entwickelten sich über die Jahre unserer Kindheit und Pubertät. Obwohl sie sich im Laufe der Zeit wandeln, bescheidener werden oder sich ausdehnen, geschieht dies nicht schnell. Das bedeutet, daß wir immer ein ziemlich klares Bild der gewünschten Qualitäten unserer Freunde haben.

Einige Dinge werden natürlich wichtiger sein als andere, und die Verträglichkeit wird von Person zu Person verschieden eingeschätzt: Sie kümmern sich nicht sehr um den Stil seiner Kleidung, da er das mit seiner Loyalität und Herzenswärme ausgleicht; Sie stören sich nicht an der Unpünktlichkeit, weil Sie sich gefühlsmäßig auf ihn verlassen können und er immer hilfsbereit ist. Einige Menschen können einen Dialekt nicht ausstehen; andere finden das amüsant und stören sich überhaupt nicht daran. Ihre Prioritäten sind die Gesamtheit Ihrer Persönlichkeit. Es ist nicht sehr sinnvoll, wenn Sie sich zwingen, etwas zu akzeptieren, was Ihnen zuwiderläuft. Falls Sie die Eigenarten eines Menschen aus irgendwelchen Gründen nervös oder angespannt machen, werden Sie sich ihm nicht öffnen wollen. Ehrlichkeit und Vertrauen sind jedoch die zwei Hauptbestandteile einer Freundschaft; ohne sie kann die Beziehung nicht zufriedenstellend für Sie sein. So gesehen sind vorgefaßte Meinungen vorteilhaft, denn sie geben Ihnen die Kriterien an die Hand, die Ihnen bei der Auswahl potentieller Freunde helfen. Sie können nicht jedermanns Freund sein; Sie müssen einen Anhaltspunkt in sich selbst haben, nach dem Sie sich richten können. Er besteht aus Ihren Bedürfnissen und Gefühlen.

Vorgefaßte Meinungen unterscheiden sich von Vorurteilen dadurch, daß sie flexibler sind. Bei einem Vorurteil haben Sie sich ein und für allemal darauf festgelegt, daß eine bestimmte Kategorie von Menschen nicht vertrauenswürdig ist und daher keinen Platz in Ihrem Leben hat; Sie werden nicht einmal in Erwägung ziehen, jemanden aus dieser Kategorie anzuschauen oder ihn nach seinen persönlichen Leistungen zu beurteilen, um festzustellen, ob Ihr Vorurteil berechtigt ist. In Wirklichkeit haben viele Menschen mit starken Vorurteilen niemals jemanden aus der Gruppe, die sie so stark ablehnen, getroffen. Ihr Urteil beruht hauptsächlich auf Hörensagen. Das ist beschämend, denn es reduziert unnötigerweise die Anzahl potentieller, neuer Freunde.

Wenn ich Ihnen vorschlage, Ihren Gefühlen zu vertrauen, wenn Sie einen neuen Menschen treffen, dann würde ich Ihnen auch empfehlen, auf Ihre Intuition zu hören. Wir nehmen oft unterbewußt Signale wahr, die dem, was wir verstandesmäßig wahrnehmen, ziemlich widersprechen könnten. Äußerlich mag ein Mensch ganz unseren Wünschen entsprechen, und doch spüren wir innerlich einen unterschwelligen Widerstand und Mißtrauen, wenn wir ihm begegnen. Dieses Warnsignal scheint uns völlig irrational. Vertrauen Sie Ihrem sechsten Sinn, er hat immer Recht. Es passiert äußerst selten, daß Sie stark ablehnend auf jemand reagieren, aber wenn, dann schenken Sie dem Beachtung und lassen Sie sich nicht durch logische Rationalisierungen verwirren. Falls Sie bei jemandem ein schlechtes Gefühl haben, ist es sinnvoll, darauf zu hören; es ist unwahrscheinlich, daß dieses Gefühl unbegründet ist.

Wählerisch sein

Ob Sie alleinstehend sind oder nicht, setzen Sie nicht Ihre Maßstäbe herab, wenn es um die Menschen geht, mit denen Sie sich umgeben. Sehen Sie sich Ihren Freundeskreis an:

Gibt es Freunde, von denen Sie einen Anruf fürchten? Oder Leute, die nur kommen, wenn sie etwas von Ihnen brauchen? Und solche, die sich ständig beklagen, Sie würden sie nie besuchen, ihrerseits aber keine Anstrengung unternehmen, Sie zu besuchen? Anders ausgedrückt: Gibt es Menschen, die Ihnen ein unangenehmes Gefühl bereiten oder Sie jedesmal aufregen, wenn Sie mit ihnen zusammen sind?

Hier müssen Sie wieder auf Ihr Gefühl hören. Warum halten Sie die Verbindung zu Menschen aufrecht, die Ihnen ein negatives Gefühl bereiten? Pessimistische Menschen in Ihrem Umfeld werden Sie deprimieren, und je mehr Sie von diesen umgeben sind, desto größer wird ihr Einfluß auf Sie sein. Schlechte Gesellschaft ist *nicht* besser als gar keine Gesellschaft, bleiben Sie also bei Ihren Maßstäben.

Ob jemand gut oder schlecht für Sie ist finden Sie heraus, indem Sie Ihre Augen schließen und sich vorstellen, mit dieser Person zusammen zu sein. Achten Sie jetzt auf Ihre Gefühle. Macht es Sie ärgerlich, an die Person zu denken, auch wenn Sie in letzter Zeit keine Auseinandersetzung mit ihr hatten? Zeigte sie Interesse an Ihnen, und wie kommen Sie miteinander zurecht? Gibt die Person Ihnen das Gefühl, willkommen zu sein? Falls Sie «nein» zu den beiden letzten Fragen sagen mußten, sollten Sie überprüfen, ob das eine neuerliche Entwicklung ist oder eine Situation, die schon immer so war. Falls Sie sich nicht erinnern können, daß es jemals anders war, gibt es nicht viel Hoffnung. Sie mögen erwägen, diese Verbindung aufzugeben. Falls der Rückzug jedoch erst kürzlich auftrat, gibt es eine gute Chance, die Beziehung dadurch zu retten, daß Sie den Punkt ansprechen und herausfinden, warum sich die Dinge verschlechtert haben.

Menschen setzen aus dem Grund ihre Maßstäbe herab oder haben überhaupt niedrige Maßstäbe, weil sie mit sich selbst nicht zufrieden und glücklich sind. Wenn Sie sich mit sich selbst nicht wohl fühlen, wenn etwas in Ihrem Leben schief läuft und Sie damit nicht umgehen können, oder wenn Sie gerade aus einer unglücklichen Beziehung kommen, beginnen Sie an sich selbst zu zweifeln. Sie beginnen Ihr Aussehen, Ihre Gepflogenheiten und Ihr Verhalten in bestimmten Situationen kritisch zu betrachten. Sie fangen an, Fehler bei sich zu finden und sich selbst herabzusetzen. Konsequenterweise fühlen Sie sich wertlos und minderwertig, machen sich damit noch etwas kleiner, und mit fortschreitendem Prozeß verlieren Sie ernsthaft Ihr Selbstbewußtsein. Haben Sie erst einmal aufgehört, sich selbst zu respektieren, reduzieren sich Ihre Maßstäbe. Das geschieht automatisch aus dem Grund, da Sie sich als wertlos betrachten. Deshalb kann Sie niemand mögen, und Sie müssen sich folglich mit dem zufrieden geben, was Ihnen geboten wird und können sich glücklich schätzen, daß Sie überhaupt jemand mag... Wenn diese Einstellung das Ergebnis einer kürzlichen Trennung ist, besteht die Möglichkeit, daß sie sich langsam wieder auflöst. Sind Sie im Grunde genommen ein optimistischer Mensch, so wird Ihre Positivität letztendlich wieder zurückkehren.

Maßstäbe haben auch viel damit zu tun, wie klar Sie Ihre Bedürfnisse wahrnehmen. Menschen, die aus Familien stammen, wo Bedürfnisse nicht anerkannt wurden, haben es im späteren Leben schwerer, ihre eigenen Bedürfnisse wertzuschätzen und sie sich selbst zu erfüllen. Ein Beispiel: Einer meiner Klienten, nennen wir ihn Thomas, ist ein Mann, Mitte zwanzig, und kommt aus einer großen Familie mit fünf Kindern. Sein Vater hatte nicht viel Zeit für die Familie. Er arbeitete hart in seinem Geschäft und war zwar im materiellen Sinn ein guter Versorger, konnte jedoch weder seinen Kindern noch seiner Ehefrau eine emotionale Unterstützung geben. Sie war sehr auf sich allein gestellt, wenn es um die Belange der großen Familie ging. Der Vater vernachlässigte seine Aufgaben, um den Wünschen anderer Leute nachzukommen, aber niemals denen seiner eigenen Familie.

Die Mutter, eine grundsätzlich fürsorgliche, aber unsichere Frau, versuchte die Situation zu meistern, indem Sie sehr aktiv war und Sport betrieb. Das half ihr die Tatsache zu vergessen, daß sie einen Ehemann hatte, der ihr gegenüber kein Interesse oder keine Zuneigung zeigte. In dem Wissen, ihren Mann nicht verlassen zu können, ohne ihre Kinder zurücklassen zu müssen, beschloß sie zu bleiben, bis die Kinder erwachsen waren.

Sie unterdrückte ihre eigenen Bedürfnisse nach Liebe und Aufmerksamkeit und gab diese Botschaft indirekt an ihre Kinder weiter. Schwächen wurden als lächerlich gemacht und Beschwerden ignoriert. Wenn die Kinder irgendwelche negativen Gefühle oder Bedürfnisse äußerten, wurden sie mit Sarkasmus, Verachtung oder Nichtbeachtung bestraft, wobei ihr Verhalten als selbstsüchtig, hemmungslos oder übertrieben bezeichnet wurde.

In dieser Umgebung aufgewachsen, war Thomas sich seiner eigenen Bedürfnisse nicht bewußt. Als er sah, was seinen Brüdern und Schwestern passierte, wenn sie ihre Wünsche äußerten, realisierte er, daß es keinen Sinn hat, es auch zu tun, denn sie würden sowieso ignoriert. Er tat folglich also genau das Gleiche, was seine Mutter tat – er unterdrückte seine eigenen Bedürfnisse. Er hatte kein ausdauerndes Interesse an den Hobbys, die er begann, und sein Leben wurde bedeutungslos und deprimierend. Niemand hatte jemals Interesse an ihm gezeigt, und jetzt konnte er an sich selbst kein Interesse finden. Seine Beziehungen zu anderen Menschen bestanden aus oberflächlichen Freundschaften, wo er nichts von sich geben konnte und sich selbst nicht erlaubte, die Liebe anderer Menschen anzunehmen. Er war am glücklichsten, wenn er anderen helfen konnte, genau wie sein Vater es getan hatte. Da er sich die Erfüllung seiner eigenen Bedürfnisse nicht zulassen konnte, richtete er seine Energien auf andere Menschen und half ihnen bei ihren Problemen, was die einzigen erfüllten Momente in seinem Leben waren.

Ein anderer Nebeneffekt seiner Erziehung war, daß Thomas nicht wußte, was er wollte. Da ihm beigebracht wurde, seine Gefühle zu ignorieren, hatte er kein Kriterium, an dem er seine Vorlieben und Abneigungen hätte messen können. Mit anderen Worten, er konnte keine eigenen, persönlichen Maßstäbe entwickeln und fühlte sich bei jeglicher Entscheidung hilflos.

Maßstäbe sind sehr persönliche Dinge; sie können niemals objektiv sein. Es ist Ihre Verantwortung, die Bedürfnisse, die Sie fühlen, ernst zu nehmen und sie zu erfüllen, indem Sie diese ausdrücken. Dafür gibt es verschiedene Wege, und hier sind einige Ratschläge, die Ihnen dabei helfen werden:

Ehrlich mit sich selbst sein

Erkennen Sie Ihre eigenen Gefühle an und nicht nur die guten. Es ist einfach, die negativen Gefühle wegzuschieben. Niemand mag sie besonders; aber durch Ignorieren werden Sie diese nicht loswerden.

Ihre Gefühle ausdrücken
Das können Sie auf leise und freundliche Art und Weise tun; es muß nicht aggressiv oder laut sein. Je eher Sie über das, was ihrem Gefühl nach falsch ist, reden, desto weniger ist es möglich, daß Ihr Wesen darunter leidet. Lassen Sie regelmäßig «Dampf» ab, und Sie werden keine gewaltige Explosion haben.

Ihre Freundschaften neu bewerten
Werden Ihre Bedürfnisse ständig von jemandem in Ihrem Umkreis nicht beachtet, mögen Sie erwägen, die Verbindung zu dieser Person zu lockern oder die Freundschaft sogar zu beenden. Eine Freundschaft, die Sie häufig unglücklich macht, ist nicht gut für Sie. Es mag schwierig klingen, eine unbefriedigende Beziehung zu beenden, aber es ist härter, mit ihr zu leben.

Ihr Leben bewerten
Begreifen Sie, daß Sie einmalig und wertvoll sind und daß dies Ihr einziges Leben ist. Gestalten Sie es so schön wie möglich. Umgeben Sie sich mit Menschen, die Sie wirklich mögen. Es steht Ihnen zu, Ihr Leben zu genießen und das beste zu haben.

Realistische Maßstäbe setzen
Stellen Sie sicher, daß Ihre Maßstäbe für Sie selbst nicht unverhältnismäßig höher oder niedriger als die Maßstäbe sind, die Sie für andere Menschen ansetzen. Wenn Sie Entschuldigungen für die Mängel anderer Menschen finden, werden Sie sich selbst auch Schwächen verzeihen müssen. Das gilt natürlich auch für den umgekehrten Fall: Erwarten Sie Überdurchschnittliches von anderen, werden Sie sich um Ihre eigene Perfektion bemühen müssen.

Freundschaften erhalten

Genauso wie Sie diejenigen Beziehungen einer kritischen Prüfung unterwerfen möchten, die Ihren Maßstäben nicht genügen, so müssen Sie sich um diejenigen kümmern, die Sie erhalten wollen. Wie jede andere Beziehung brauchen

Freundschaften Ihren Beitrag, um wachsen und gedeihen zu können. Wenn Sie sie vernachlässigen, werden Sie Ihnen entgleiten. Das heißt nicht, Sie müßten ständig zusammen sein. Im Gegenteil, exzessive Nähe kann schwierig werden, solange Sie nicht sehr entspannt miteinander umgehen können.

Freundschaft erhalten bedeutet, in Verbindung zu bleiben und sich auszutauschen. Es spielt gar keine Rolle, ob das einmal in der Woche oder einmal im Jahr passiert; es kommt auf die Qualität, nicht auf die Quantität an. Wenn Sie der anderen Person alle Verabredungen und Aktivitäten überlassen, kreieren Sie ein Ungleichgewicht, wo Ihr Freund mehr für die Beziehung tut als Sie. Das geht für einige Zeit gut, aber ab einem bestimmten Punkt wird Ihr Freund mit der Einseitigkeit frustriert sein. Durch Ihre Passivität signalisieren Sie, daß Sie nicht wirklich interessiert sind. Würden *Sie* bei solchen Signalen eine Beziehung fortsetzen wollen? Versetzen Sie sich in die Lage des anderen – es fühlt sich entmutigend an, nicht wahr? Es reicht nicht, sich zu versichern, daß der andere gerne mit Ihnen Kontakt hat, wenn Sie sich niemals aktiv an Ihren Verabredungen beteiligen.

Geben und Nehmen müssen ausgeglichen sein. Wenn die Chemie stimmt, passiert das normalerweise automatisch, und das ist der beste und unkomplizierteste Weg. Dennoch kann einer von ihnen besonders gestreßt sein oder sich aus irgendwelchen Gründen niedergeschlagen fühlen. In diesem Fall ist es Sache des anderen, die Initiative für eine Weile zu ergreifen, *ohne dafür durch die Aufmerksamkeit des anderen belohnt zu werden*. Falls ein Freund wegen etwas bestürzt ist, ist Ihre Unterstützung sofort erforderlich. Sie mögen die Initiative für eine längere Zeit übernehmen müssen, bis sich Ihr Freund besser fühlt. Sie müssen das Leben Ihres Freundes nicht völlig übernehmen, sollten aber in Verbindung bleiben. Sie sollten ihm zeigen, daß Sie für Gespräche über die Situation zur Verfügung stehen, daß Sie ihn ermutigen und ihm moralische Unterstützung geben möchten, um ihrem Freund dabei zu helfen, wieder Boden unter den Füßen zu bekommen. Währenddessen mag Ihr Freund zu gestreßt sein, um sich nach *Ihren* Probleme und *Ihrem* Wohlbefinden zu erkundigen, aber der Ausgleich wird sich nach einiger Zeit wieder einstellen.

Gemeinsam durch schwierige Zeiten gegangen zu sein, bringt Freunde näher und stärkt die Beziehung. Vorausgesetzt jeder spürt, daß er sich an den anderen anlehnen kann, wann immer es nötig ist. Um diesen Punkt zu erreichen, muß ein Gefühl des Vertrauens und der Offenheit zwischen Ihnen beiden sein, das sich im Laufe der Zeit schrittweise entwickeln wird. Es ist sinnvoll, vorsichtig zu sein, wem Sie sich anvertrauen. Aber wenn Sie den anderen Menschen besser kennengelernt haben, werden Sie ihm erlauben müssen, nicht nur Ihr Image zu sehen, sondern auch Ihr wahres inneres Wesen. Ansonsten wird Ihre Beziehung auf einer oberflächlichen Ebene steckenbleiben. Verbringen Sie Ihre Zeit nur damit, über alle Leistungen Ihres Lebens zu reden, wird die Beziehung kaum die gesellschaftliche Ebene überschreiten. Es stimmt einfach nicht, so zu tun, als ob nicht auch Sie manchmal Probleme hätten, oder daß sich Ihre Erfolge mühelos einstellten. Vorzugeben, immer hundertprozentig kompetent zu sein, ist nicht nur unwahr, sondern wird Sie auch in den Augen der anderen zweifelhaft erscheinen lassen. Nichts befremdet Menschen so leicht, als jemand, der den Überlegenen spielt. Übertriebene Selbstdarstellung ohne ein Zeichen menschlicher Schwäche entmutigt andere, ihre Schwächen zuzugeben. Um eine enge Freundschaft zu haben, benötigt die andere Person das Gefühl, Sie seien menschlich. Sonst wird sie sich unzulänglich fühlen und weniger bereit sein, sich Ihnen zu öffnen.

Wir neigen dazu, uns einander vorsichtig zu nähern. Wenn Ihr Partner etwas über sich preisgibt, öffnen Sie sich etwas mehr, was dann den anderen ermutigt, es auch zu tun. Stück für Stück entdecken wir die «wahre» Person im anderen und er im Gegenzug unser wirkliches Wesen.

Haben beide Seiten ihr privates Selbst offenbart, nimmt das Vertrauen zu und die Freundschaft wird gestärkt. An diesem Punkt sind beide Seiten emotional so an der Beziehung beteiligt, daß sie spüren, sich selbst sein zu können: mit allen ihren Fehlern und doch geliebt. Im Gegenzug wird die andere Person für die gewährte Freiheit geliebt.

Natürlich verläuft keine Freundschaft immer reibungslos. Es mag Mißverständnisse, Zwistigkeiten und Unsicherheiten über die Loyalität geben, während die Freundschaft sich weiterentwickelt. Verdrängen Sie aber diese kleinen Disharmonien nicht! Wenn Ihnen etwas an der Freundschaft liegt, werden Sie über das Problem reden müssen. Viele Mißverständnisse resultieren aus irrationalen Annahmen. Falls Sie diese klären wollen, müssen Sie darüber reden.

Viele Menschen ängstigen oder grauen sich sogar davor, unerfreuliche Dinge anzusprechen aus Angst vor Zurückweisung oder Entdeckung von Dingen, die sie lieber nicht gewußt hätten. Sie werden das beängstigende Thema oft so lange hinausschieben, bis es zu spät ist. Die Differenzen haben sich zu sehr vertieft, die Freundschaft ist völlig ruiniert.

Es ist nicht angenehm, wenn Sie zugeben müssen, daß Ihre Freundschaft vor dem Ende steht. Doch es ist weit unerfreulicher, mit diesem Wissen zu leben und nichts zu unternehmen. Je eher Sie Ihre Disharmonie ansprechen, desto kürzer werden Sie sich sorgen und leiden.

Setzen Sie sich mit Ihrem Freund zusammen und besprechen Sie die Situation. Machen Sie keine Schuldzuweisungen, protestieren Sie nicht. Erklären Sie einfach, wie Sie sich fühlen und bitten Sie ihn, bei der Lösung des Problems zu helfen. Vergessen Sie nicht, daß der Mensch, zu dem Sie reden, für Sie wichtig ist! Sie müssen ihm die Gelegenheit geben, sich zu erklären, falls es ein Mißverständnis gab, oder den Fehler richtigzustellen, der ihm unterlaufen ist.

Eine gute Freundschaft ist unbezahlbar und ist es wert, aufrechterhalten zu werden. Nicht nur während der schönen Zeiten, sondern auch wenn's schwierig wird. Teil der «Auf rechterhaltung» ist es zu helfen, aber auch ehrlich zu sein, wenn Sie sich mit dem Verlauf der Freundschaft unzufrieden fühlen. Wenn Ihr Freund nicht weiß, daß Sie sich unbehaglich fühlen, kann er die Situation nicht verändern. Beachten Sie, daß Sie offen sind, auf eine sanfte Art und Weise, so daß der Sachverhalt geklärt werden kann und die Beziehung eine Chance hat, wieder ins Gleichgewicht zu kommen.

Wenn Sie anderseits in einer solchen Situation angesprochen werden, sollten Sie beachten, daß sich Ihr Freund besonders bemüht, ein Problem zu klären. Sie müssen seine Bemühung ernst nehmen und wertschätzen, einen Freund zu haben, der den Mut hat, das anzusprechen, was scheinbar nicht in Einklang ist.

Allein zu Hause

Wenn Sie gerade aus einer Beziehung kommen, werden Sie sich verloren fühlen, egal ob diese freundschaftlich oder tragisch endete. Sie fühlen sich, als ob Sie in einem Haus wären, das genau die richtige Größe für zwei Menschen hatte, aber für einen Menschen allein viel zu groß ist. Sie fühlen sich innerlich leer, aber gleichzeitig von allen möglichen widersprüchlichen Gefühlen wie Trauer, Ärger, Angst und Schmerz zerrissen. Diese Gefühle können sogar zu körperlichem Schmerz führen, ähnlich den Symptomen des Rückzugs.

Wenn Sie mit einem anderen Menschen eine Verbindung eingehen, lassen Sie diesen in Ihr Leben eintreten. Sie teilen Ihre Zeit mit ihm, und als Konsequenz bauen Sie einen gemeinsamen Schatz von Erinnerungen und Erfahrungen auf. Mit anderen Worten, Sie schaffen einen Platz in sich selbst, schränken dabei Ihre eigenen Bedürfnisse und Wünsche bis zu einem bestimmten Maß ein, um eine ganz bestimmte Person in Ihr Leben aufzunehmen. Es ist genau dieser Raum, der von Ihrem Partner besetzt war, der nun so schmerzhaft leer ist. Allein, sich einen Partner *vorzustellen*, falls Sie niemals einen hatten, kann ausreichen, diese Lücke und dieses innere Verlangen zu erzeugen. Es ist fast so, als ob Sie einen schönen Raum in Ihrem Haus freigemacht hätten und keinen Mieter finden, der einzieht.

Der Trick ist, diese inneren leeren Räume mit sich selbst zu füllen, sich weiter auszudehnen und zurückzuerobern, was Ihnen immer schon gehörte.

Zwischen Männern und Frauen scheint es interessanterweise Unterschiede bezüglich der Freigabe eines emotionalen Raumes an einen anderen zu geben. Frauen sind eher geneigt, ihren eigenen Bereich, auf Kosten der Unterdrückung ihrer eigenen Bedürfnisse, zu beschränken. Männer dagegen tendieren bildlich gesprochen dazu, Frauen in einem «Nebengebäude» unterzubringen. Sie sind weit weniger bereit, sich in ihrem Raum durch die Anwesenheit einer anderen Person beschränken zu lassen. Das bedeutet nicht, daß sie nicht traurig sind, wenn die Frau «auszieht». Es gibt aber eine stärkere Tendenz bei Männern, einen Partner emotional auf Abstand zu halten.

Mit der Emanzipationsbewegung der Frauen gab es eine Bewegung hin zu größerer Unabhängigkeit auf finanzieller und emotionaler Ebene. Da Männer immer noch größtenteils die finanzielle und politische Macht in ihren Händen halten, wollen viele Frauen diese Machtpositionen erreichen, um größere Gleichheit zwischen den Geschlechtern und mehr Respekt für die Frauen im besonderen zu gewährleisten. Von außen gesehen erscheint das als ein lobenswertes Bemühen. Sicher, jeder muß für Gleichheit sein, oder?

Lassen Sie uns einen Moment innehalten und überlegen, was das in Realität für viele der Frauen in hohen Positionen heute bedeutet. Um Macht zu gewinnen, mußten Frauen grundsätzlich emotional wie Männer werden: hart, abstrakt, ihre Gefühle unterdrückend. Falls sich das fortsetzt, würden wir damit enden, daß nicht nur die Hälfte der Menschen ihre eigenen Gefühle negiert und unfähig ist, Intimität zu erleben und emotionale Verpflichtung einzugehen, sondern die *gesamte* Menschheit. Was für ein hoher Preis für Macht! Ist es das wirklich wert?

Ich werde jetzt darauf eingehen, warum unsere Gefühle von so großer Bedeutung für unsere Zufriedenheit sind, und warum eine Emanzipationsbewegung der Männer, die lehrte, wie man Gefühle akzeptiert und ausdrückt, mehr Sinn machen würde, so daß Männer nicht mehr länger auf Kosten der Frauen um Macht kämpfen brauchten. Es wäre ein großer Fehler, wenn Frauen den Männern nacheifern würden und niemals die Stärke und das Potential ihrer eigenen femininen Qualitäten ganz erkennen würden, Qualitäten, die jetzt allmählich erkannt werden und in einigen Organisationen als außerordentlich wertvoll eingeschätzt werden. Ohne Gefühle bleibt uns nur das Gefühl lebloser Sinnlosigkeit.

Gefühle sind Ihre Stärke

Besonders unter Männern wird es immer noch als Schwäche betrachtet, Gefühle zu zeigen oder gar zuzugeben, Gefühle zu haben. Daraus resultierend werden Frauen als das schwächere Geschlecht betrachtet, weil sie es sind, die gewöhnlich ihre Gefühle zeigen. Was ist es, das diesen Mythos, Gefühle seien eine Schwäche, am Leben erhält?

Am besten läßt sich das erklären, wenn wir uns ansehen, was mit unseren Gefühlen während unserer Kindheit geschieht.

Babies drücken anfänglich ihre Gefühle sehr direkt aus. Wenn sie hungrig sind, Schmerzen haben oder sich unwohl fühlen, weinen sie und zeigen an, daß etwas nicht in Ordnung ist. Wird das Kind älter, muß es seine Gefühle nach und nach unterdrücken lernen, um in die Gesellschaft zu passen. Anfälle von Ärger, Verweigerung, sich den Regeln und Bestimmungen anzupassen, sogar laute Freudenbezeugungen werden sorgenvoll betrachtet und oftmals bestraft oder kritisiert. Dadurch lernt das Kind, daß seine Gefühle hinderlich werden, wenn es die Anerkennung von anderen möchte. Je mehr sich das Kind anpaßt, desto weniger Schwierigkeiten hat es im Umgang mit den anderen. Falls es jedoch darauf beharrt, seine Gefühle auszudrücken, so wird es bestraft oder zurückgewiesen. Es folgert daraus, daß es nichts einbringt, diese Gefühle wertzuschätzen, weil sie für die anderen nicht akzeptabel sind. Weil das Ausdrücken von Gefühlen Schwierigkeiten bringt, beginnen sie für das Kind unannehmbar zu werden. Sie lassen es hilflos fühlen und werden verdrängt, um das Gefühl der Schwäche zu vermeiden. Da das Zusammenleben mit anderen Menschen für das Kind jetzt einfacher ist, scheint es das Richtige getan zu haben.

Je größer Ihre Angst vor Hilflosigkeit ist, desto mehr Energie müssen Sie aufwenden, um sie zu unterdrücken und letztlich zu vernichten. Mitgefühl und Einfühlungsvermögen in andere müssen weichen. Weil Sie sich vor Ihren eigenen Gefühlen fürchten, müssen Sie diese in anderen bekämpfen, da Sie sonst an Ihre Gefühle weiter erinnert werden. Deswegen fahren Sie fort, all diejenigen mit Verachtung zu bestrafen, die ihre Gefühle zeigen.

Kontrolle ist das Schlüsselwort, Rationalisierung und abstraktes Denken sind die Lösung für die angsteinflößende Macht der Gefühle. Machtstreben ist ein Weg, die Angst zu kontrollieren. Erfolg wird zum Zwang, um vor dem Gefühl des Versagens zu flüchten. Anerkennung von außen ist eine absolute Notwendigkeit, die immer wieder erbracht werden muß. Wenn Sie innerlich leer sind, müßen Sie versuchen, diese Leere durch äußeres Lob und Anerkennung zu füllen.

Unsere Gefühle sind wichtig. Aus einem guten Grund sind sie da: sie machen einen notwendigen Teil unseres Selbst aus, tatsächlich *sind* sie unser Selbst. Wenn wir sie mißachten oder ignorieren, schneiden wir uns von unserer inneren Welt ab.

In meiner Praxis sehe ich die Folgen des Problems jeden Tag. Ein typisches Beispiel ist, wenn ein Klient sich aufgrund der Art und Weise, wie er von seinem Partner oder seinen Eltern behandelt wurde, deprimiert fühlt. Wenn ich dann genauer nachfrage, wie sich die Klienten durch die Behandlung fühlen, antworten sie gewöhnlich: «Meine Mutter konnte nicht anders; sie hatte eine schwierige Kindheit.» Oder: «Mein Ehemann verliert schnell die Geduld. Er steht bei seiner Arbeit unter starkem Streß.» Beachten Sie, daß meine Fragen über ihre Gefühle überhaupt nicht beantwortet wurden. Statt dessen entschuldigt der Klient die Handlungen der anderen Person. Das ist ein typisches Vermeidungsmanöver, wenn er sich seiner Gefühle nicht gewahr werden will. Die Angst, die hinter der Vermeidung lauert, heißt, er müßte zugeben, ärgerlich zu sein. Ein solches Zugeständnis würde ihm Schuldgefühle vermitteln, da er lernte, daß es nicht richtig ist, an sich selbst (selbstsüchtig!) zu denken und daß die Bedürfnisse anderer an erster Stelle zu stehen haben. So kommt es, daß die Gefühle anderer Menschen wichtiger als seine eigenen werden. Da er aber seine Gefühle nicht vollends unterdrücken kann, tauchen sie in einer anderen Form auf – der Ärger verwandelt sich in Depression.

Ihre Gefühle sind Ihr Maßstab, Ihr Wegweiser zur Realität. Sind Sie über etwas verärgert, ist das Gefühl echt, egal was ein anderer Mensch sagt. Sind Sie aufgebracht oder traurig über etwas, sind diese Gefühle real. Sie werden sich mit ihnen befassen und sie als Richtlinie für zukünftige Handlungen nutzen müssen. Wenn der Vorgesetzte sich unmöglich verhält und Sie mit Arbeit überlädt, hat es keinen Sinn, innerlich zu kochen und nach außen süß zu lächeln. Wird Ihr Verhalten durch Ihre Gefühle bestimmt, werden Sie Ihren Vorgesetzten wegen seines Verhaltens ansprechen müssen. In der Unterhaltung müssen Sie nicht zwangsläufig Ihren Ärger zeigen (obwohl das manchmal hilft), aber es ist sicherlich notwendig, etwas wegen der Situation, die den Ärger verursachte, zu tun. Anders ausgedrückt: Ihre Gefühle müssen als Warnsignal anerkannt werden, und dann muß ihnen die angemessene Handlung folgen. Machen Sie konstruktiven Gebrauch von Ihren negativen Gefühlen. Indem Sie nach ihnen handeln, gewinnen Sie wieder Kontrolle über Ihr Leben und sind daher in Harmonie mit sich selbst.

Die Angst vor Freiheit besiegen

Ist es nicht erstaunlich, wie erschreckend Freiheit ist und wie wenig wir mit ihr anfangen, wenn wir sie haben? Denken Sie an alle die Vorteile Ihres Alleinseins. Sie können ausgehen und heimkommen, wann Sie wollen. Sie können sich selbst etwas zu essen zubereiten, Bartstoppeln haben, ohne sich Kommentare anhören zu müssen, Ihr Heim immer in einem Chaos verlassen, wenn Ihnen danach zumute ist und grundsätzlich so hemmungslos sein, wie es Ihnen beliebt. Und doch, wenn wir genau dazu die Gelegenheit haben, machen wir wenig Gebrauch von ihr. Plötzlich sehnen wir uns nach einem Partner. Jemand, der immer um uns herum ist, nach dem wir uns richten und mit dem wir Kompromisse schließen müssen. Also jemand, der unsere Freiheit durch seine bloße Anwesenheit einschränkt.

Was ist es, das es uns unmöglich macht, die Zeit des Alleinseins zu schätzen und sie zu genießen – woher kommt diese Angst vor der Freiheit?

Nicht wenige der Befragten erklärten, sie hätten keine Erfahrung gehabt, wie man diese «leere» Zeit ausfüllt. Sie waren an eine bestimmte Struktur gewohnt, entweder in der Schule oder Universität, oder in einer Ehe oder einer anderen Partnerschaft. So fühlten sie sich unfähig, sich eine eigene Struktur aufzubauen, als ihnen die alte genommen war. Sie wußten einfach nicht, wo Sie anfangen sollten, betrachteten ihre neugewonnene Freiheit als bedrohlich und haderten mit Ihrem Gefühl der Langeweile, des Zweifels und der Einsamkeit. Statt alle der ihnen gebotenen Möglichkeiten zu nutzen, blieben sie mehr zu Hause als zuvor und fühlten sich allgemein unsicherer und furchtsamer, speziell in den ersten Wochen und Monaten nach dem Abbruch der Beziehung.

Das Problem mit dem Rückzug läuft natürlich darauf hinaus, daß sich Ihre Ängste bewahrheiten. Da Sie nicht in die Öffentlichkeit treten, haben Sie weniger Kontakte mit der Außenwelt. Sie sehen weniger Freunde und werden dadurch gelangweilt und einsam – und uninteressant. Das wiederum spornt andere Menschen weniger an, auf Sie zuzugehen, und schon bewahrheitete sich Ihre Befürchtung: alleinsein ist schrecklich.

In Wahrheit kreieren Sie viel von dieser Leere selbst. Ich spreche natürlich nicht von der Situation, wo Sie Ihren Partner durch Tod oder Trennung gerade verloren haben. Es ist natürlich, ihn oder sie zu vermissen, speziell am Anfang. Aber die Zeit wird kommen, wo Sie seinen Platz mit etwas oder jemandem füllen müssen. Viele Menschen entscheiden sich für die Möglichkeit, so schnell wie möglich einen Ersatzpartner zu finden, so daß sie nicht mit der durch den Verlust entstandenen Leere konfrontiert werden. Auf diese Weise hoffen sie, die Lücke zu füllen, ohne neue Dinge ausprobiert zu haben.

Es stimmt, daß Veränderung mehr oder weniger immer das Element des Stresses in sich trägt. Es ist eine ziemlich drastische Situation, wenn Sie plötzlich feststellen, allein zu sein. Und es ist ein großer Schritt, vieles mit einem anderen zu teilen und später alles allein zu tun. Selbst diejenigen, die sich als glückliche Singles betrachteten, berichteten von einer gewissen Zeit, die sie brauchten, um wieder fest auf dem Boden zu stehen, ihr Leben umzustrukturieren und ihre täglichen Gewohnheiten in neue umzuwandeln. Der einzige Unterschied zwischen den glücklichen und unglücklichen Singles war, daß die Erfolgreichen glaubten, wieder glücklich zu werden, während die Unglücklichen es sich nicht einmal vorstellen konnten. Ihr Glauben wird Ihre Handlungen beeinflussen, und Ihr Verhalten und Ihre Handlungen werden möglicherweise Ihre Glaubenssätze wahr werden lassen (siehe auch «Positive Thinking»).

Die Strategie, die am besten zu wirken scheint, ist die, im Hier und Jetzt zu bleiben und nicht zuviel Zeit damit zu verbringen, über eine mögliche katastrophale Zukunft nachzugrübeln. Viele der vorgestellten Katastrophen passieren sowieso nie, warum also darüber nachdenken? Niemand weiß, was die Zukunft bringt. Keiner von uns konnte sich zu einem bestimmten Zeitpunkt einmal vorstellen, jemals ohne Partner zu sein!

Wenn Sie beginnen, von Tag zu Tag zu leben, können Sie langsam dazu übergehen, Ihre Zeit mit erfreulichen Aktivitäten zu füllen und sich damit eine Struktur zu schaffen, die auf Ihre Bedürfnisse zugeschnitten ist. Sie werden ein wenig experimentieren müssen, falls Sie nicht genau wissen, was Sie tun möchten. Doch das kann ganz nützlich sein, da Sie dadurch wieder in Kontakt mit Ihren Bedürfnissen und sich selbst kommen. Es ist nur zu einfach, in einer Beziehung Ihre eigenen Bedürfnisse zu vergessen. Als Single könnten Sie beginnen, die Talente wieder zu entdecken, die Sie lange Zeit nicht genutzt haben.

Sie werden viele Entscheidungen ganz allein treffen und über das Eingehen bestimmter Risiken entscheiden müssen («Werde ich zu dumm für diesen Abendkurs sein?»), aber die Belohnungen werden großartig sein. Während Sie die Zeit des Alleinseins konstruktiv nutzen, gestalten Sie Ihr eigenes Leben. Das bedarf Mut und Bestimmtheit und verläuft nicht immer gradlinig. Manchmal mögen Sie das Gefühl haben, zwei Schritte vorwärts und einen zurückzugehen, aber letztendlich gehen Sie in die Richtung, die Sie gewählt haben. Sie gehen *Ihren* Weg anstatt einen Pfad, den jemand für Sie ausgetreten hat. Wenn Sie es anderen überlassen, Ihr Leben zu organisieren, dann muß Ihnen gefallen, was Sie bekommen. Manche Menschen mögen das, weil Sie dann die andere Person beschuldigen können, wenn die Dinge nicht zufriedenstellend abliefen. Wenn Sie nicht Verantwortung für sich übernehmen wollen, treten Sie Ihre Rechte ab. Je mehr Sie die Freiheit fürchten, desto eher werden sie gewillt sein, die Möglichkeiten der Selbstbestimmung und Wahl fallenzulassen.

Der Lernprozeß, konstruktiv mit der Freiheit umzugehen, verläuft stufenweise. Er mag langsam sein, hilft Ihnen aber mit Sicherheit, Ihre Stärke und Ihr Selbstvertrauen aufzubauen und vor allem Ihrem Leben einen Sinn zu geben. Indem Sie Ihr Leben mit interessanten Dingen ausfüllen, lernen Sie, sich auf Ihre eigenen Fähigkeiten und Ihr Urteil zu verlassen. Und das ist ein gutes Gefühl!

Ihre Einzigartigkeit zulassen

Menschen sorgen sich nicht nur um den konstruktiven Umgang mit ihrer Freiheit, sondern auch darum, sich von anderen zu unterscheiden. Der Mensch ist von Anbeginn der Zeit an ein Herdentier. Das zehnjährige Schulmädchen muß ein bestimmtes T-Shirt tragen, um von seinen Mitschülerinnen akzeptiert zu werden; der zwölfjährige Junge wird äußerst verlegen, wenn seine Mutter am Sportfest in einer Kleidung erscheint, die sie von allen anderen Müttern unterscheidet. Und so geht es weiter. Man erhält eine gute Schulbildung, eine Arbeit, ein Auto, eine Familie und ein Haus. In extremen Fällen der Anpassung an andere Menschen fühlt sich jemand bemüßigt, mit den Müllers nebenan mithalten und ein besseres Auto, ein größeres Haus und die besser bezahlte und wichtigere Arbeit haben zu müssen. Die Gleichartigkeit bleibt, nur der Grad ändert sich. Das Verlangen ist, die anderen auf dem gleichen Gebiet durch bessere Zurschaustellung und mehr Erfolg hinter sich zu lassen. Nur wenn Sie sich im selben Rahmen wie die anderen bewegen, können Sie Ihre Errungenschaften mit anderen vergleichen und sichtbar machen, daß Sie *besser* als diese sind. Das ist keine Einzigartigkeit, es ist nur die verbesserte Version der Gleichmacherei.

Anders als die anderen zu sein, wird immer noch negativ oder als seltsam bewertet. Obwohl wir ungewöhnliche Ansichten immer mehr tolerieren, wie z. B. Hausmänner und alleinerziehende Väter, gibt es dennoch einen leichten Vorbehalt in unserem Hinterkopf, ob dies ein «wirklicher» Mann ist, der ernst genommen werden kann. Genauso haben wir Schwierigkeiten mit anderen alten Konzepten wie «Dicke sind gemütlich» oder «Schwarze sind weniger intelligent als Weiße». Beide Glaubenssätze sind natürlich Unsinn, werden aber frühzeitig entwickelt und sind nur schwerer zu löschen. Mein fünfjähriger Neffe erklärte eines Tages, alle Mädchen seien dumm. Als ihn seine Mutter auf einige Frauen und Mädchen aufmerksam machte, die er mochte, sagte er: «Nicht *die*. Nur all die anderen!» Auch wenn wir sehen, daß es Ausnahmen gibt, halten wir trotzdem an den ursprünglich vorgefaßten Meinungen fest und wollen nicht von unseren Verallgemeinerungen loslassen.

In einer Welt, die sich so stark für Gleichheit begeistert, braucht es Mut, Sie selbst zu sein und sich bewußt freiwillig von den anderen abzusetzen. Gelingt es Ihnen und sind Sie erfolgreich mit Ihrer ungewöhnlichen Idee, sind Sie ein Held. Wenn nicht, wird jeder seinen Kopf schütteln und sagen, er habe es Ihnen doch gesagt, und er wird Sie seinen Kindern als schlechtes Vorbild hinstellen. Außenseiter zu sein ist nur dann erlaubt, wenn Sie damit viel Geld verdienen. Der arme Individualist ist ein Verrückter, der reiche ein Genie.

Die ausgetretenen Pfade verlassen und Ihrer eigenen Lebensweise folgen, statt sich auf das konventionelle Denken zu verlassen, mag bedrohlich klingen. Wenn Sie es aber tatsächlich tun, werden Sie herausfinden, daß dem nicht so ist. Es ist die Angst vor dem Unbekannten, die die Bilder einer möglichen Katastrophe in unserem Verstand entstehen läßt. Und das hält uns oft davon ab, unserer eigenen Intuition zu folgen. Statt auf unsere innere Stimme zu hören, begraben wir sie unter unseren vernünftigen Gedanken und tun so, als ob wir nichts gehört hätten. Doch es ist eben diese innere Stimme, die unser innerstes, einzigartiges Selbst repräsentiert und der wir weit mehr Beachtung schenken müssen, wenn wir uns ganz fühlen wollen.

Die Glücklichen unter Ihnen, die einem Ruf in ihrem Leben gefolgt sind, werden immer eine Geschichte zu erzählen haben, wie sie zum ersten Mal erkannten, daß dies der Weg war, den sie gehen wollten. Doch wir alle haben eine Bestimmung, einen Platz im Leben, den nur wir ausfüllen können. Aber um das herauszufinden, müssen wir den Mut haben, auf diese innere Stimme zu hören. Mut wird gebraucht, weil unsere Ideen oftmals unerreichbar erscheinen und uns von allem wegführen, was wir bisher getan haben. Folgen Sie Ihrer Intuition, so mögen Sie sich von anderen absondern. Dieser Preis ist für einige Menschen zu hoch, um sich ihre wahren Ziele im Leben zu erfüllen.

Trotzdem können Sie diese Zurückhaltung durchbrechen, die Belohnungen sind beträchtlich. Mit ein klein wenig Glück wird Ihre Individualität mit Ihrem restlichen Leben übereinstimmen, und Sie brauchen gar nichts zu ändern. Mit etwas mehr Glück könnten Sie sogar damit Geld verdienen. Selbst wenn Sie Ihre neue Vorstellung nicht leben können, werden Sie feststellen, um wieviel reicher Sie sich in anderer Hinsicht fühlen. Nur wenn Sie Ihre Einzigartigkeit und die Notwendigkeit, sie wenigstens in einigen Bereichen Ihres Lebens zu leben, erkennen, können Sie Ihr Potential zur Entfaltung bringen. Kein anderer kann Ihr Leben leben, und niemand kann Ihre Entscheidungen treffen. Ihre Entscheidungen sind ein Spiegel Ihrer Persönlichkeit. Daher können sie nicht richtig oder falsch sein – sie sind einfach *Ihre* Wahl, im Gegensatz zu der irgendeines anderen.

Je mehr Sie sich akzeptieren können, desto leichter wird es anderen Menschen fallen, Sie zu akzeptieren. Wenn Sie Selbstrespekt haben, werden es andere spüren und Sie dementsprechend behandeln. Wenn Sie denken und handeln wie ein

Opfer, werden Sie wie ein solches behandelt. Menschen spüren instinktiv sehr gut(hier ist diese innere Stimme wieder!), ob sie Sie herumschikanieren können oder nicht, weil Sie entsprechende Signale aussenden, wie Sie sich mit sich selbst fühlen.

Leben Sie Ihr Leben so, wie Sie glauben, daß es anderen gefällt, werden Sie sich nicht erfüllt fühlen. Sie mögen auch herausfinden, daß Sie die Wünsche anderer falsch interpretieren. Wenn keiner sagt, was er wirklich will, kommt es leicht zu Mißverständnissen. Ist jeder zu höflich zuzugeben, daß er sich nicht erfüllt fühlt, bleibt die unerwünschte Situation bestehen. Je länger das anhält, desto schwerer fällt es, irgendetwas zu sagen, bis es völlig unmöglich ist, die Dinge ohne große Verlegenheit klarzustellen. Wieviel einfacher ist es, sofort zu sagen, daß Sie es vorziehen, die Dinge anders zu tun!

Manchmal werden Sie Kompromisse eingehen müssen. Doch es gibt genug Gelegenheiten, wo niemand beteiligt ist und Sie Ihre eigenen Entscheidungen treffen können: sei es ein anderer Haarschnitt, der Beitritt zu einem Verein oder die Suche nach einem neuen Arbeitsplatz. Sie können Ihre Individualität in allen Bereichen zur Geltung bringen, und das müssen nicht unbedingt alles wichtige Bereiche Ihres Lebens sein. Individualität kann durch Ihren Lieblingszeitvertreib ausgedrückt werden und zum Ausgleich anderer Bereiche beitragen wie z. B. der Arbeit, wo Sie sich vielleicht nicht so sehr mit Ihrer Tätigkeit identifizieren können. Sie sind auf dem richtigen Weg, solange Sie sich eine Art Refugium für sich selbst schaffen können, wo Sie Ihr Potential wahrnehmen und Ihre Bedürfnisse befriedigen können.

Ihre Grenzen erweitern

Als Single sind Sie in der besten Position, um an Ihrer persönlichen und beruflichen Entwicklung zu arbeiten. Sie können alle Bemühungen darauf konzentrieren, Ihre Karriere voranzutreiben, Neues zu lernen und es Ihnen allgemein gut gehen zu lassen, weil Sie auf niemand Rücksicht nehmen müssen. Sie sind ein freier Mensch und schätzen dies gewöhnlich nicht, bis Sie wieder tief in Ihrer nächsten Beziehung stecken. *Es gibt keine Entschuldigung dafür, nicht zu tun, was Sie immer tun wollten – tun Sie es jetzt oder nie!* Verlieren Sie nicht zuviel Zeit damit, sich über sich zu beklagen. Sie sind in der glücklichen Situation, sich in neue Abenteuer zu stürzen, die Ihnen helfen können, die Grenzen abzubauen, die Sie von der Entfaltung Ihres vollen Potentials abhalten.

Es spielt wirklich keine Rolle, woran Sie in Ihrem Leben arbeiten wollen, solange Sie irgendwo anfangen. Ich bin sicher, daß Ihnen bereits etwas eingefallen ist, als Sie die ersten Zeilen dieses Kapitels lasen. Wir alle haben unsere Lieblingsideen, was wir machen würden, wenn wir einmal mehr Zeit hätten, und sie handeln nicht alle vom Putzen des Spülbekkens oder davon, sich um die verstopfte Toilette zu kümmern. Wir alle haben diese unerfüllten Träume, die wir tief in unserem Innersten verschlossen halten mußten, diese verrückten Ideen, die wir in die Tat umsetzen würden, wenn wir das Geld, die Zeit oder den Mut dazu hätten.

Machen Sie ernst damit, sie wahr werden zu lassen! Nicht alle Träume sind zu teuer, nicht alle Ideen sind zu extravagant. Verhalten Sie sich so, als ob Sie sich Ihre Träume jetzt endlich erfüllen wollen. Fangen Sie an, Informationen über Ihr Projekt zu sammeln; Preise, Orte, Einrichtungen, die Ihnen helfen, Ihr Ziel zu erreichen. Werden Sie nicht entmutigt, wenn es anfänglich den Anschein hat, Ihre Träume würden sich nicht erfüllen lassen. Es gibt niemals nur einen Weg dahin – schauen Sie nicht auf die Wand, suchen Sie nach den Türen in der Wand. Halten Sie Ihre Augen offen für Alternativen. Manchmal sind wir so sehr auf etwas Bestimmtes fixiert, daß wir eine andere Möglichkeit übersehen, die genau vor unseren Augen liegen mag.

Wenn Sie sich jetzt mit Ihrer eigenen Entwicklung befassen, wird sich das in der Zukunft auszahlen. Wir mögen nicht sehr begeistert sein, uns die Mühe zu machen, irreguläre italienische Verben zu lernen. Doch wenn wir einmal in Italien sind, werden wir dankbar dafür sein. Wir mögen etwas von unserer Freizeit für arbeitsbezogene Kurse opfern müssen, doch wenn wir als Resultat dessen befördert werden, fühlen wir uns wohl damit. Und meistens macht es doch Freude, etwas Neues zu lernen und dies zusammen mit einer positiven Erwartung eines erfolgreichen Endresultats, hält uns motiviert, dem Ende unseres Projekts entgegenzusehen.

Sie müssen nichts «Nützliches» auswählen; Entwicklung findet auf allen Ebenen und Bereichen Ihres Lebens statt. Auch wenn Sie sich für ein neues Hobby einsetzen, wird Ihr Einsatz positive Auswirkungen auf andere Gebiete haben. Weil Sie etwas tun, was Ihnen Freude macht, werden Sie entspannter sein, und während Sie neue Dinge lernen, wächst Ihre Zuversicht. Sie haben dann auch etwas, worüber Sie reden können, was nützlich sein kann, wenn Sie scheu sind und wenig zu einem Gespräch mit anderen Menschen beizutragen haben.

Lassen Sie uns jetzt sehen, was Sie tun können.

Arbeitsbezogene Entwicklung

Es ist nur zu einfach, in einen Arbeitstrott zu verfallen: Entweder Sie stecken in einer Arbeit fest, die Ihnen keine Aufstiegsmöglichkeiten bietet, oder Sie sind der Meinung, diese Art der Arbeit würde nicht zu Ihnen passen. Sie mögen sich bereits einige Zeit etwas unzufrieden mit der Arbeitssituation gefühlt haben, aber es ist immer einfacher zu bleiben, wo Sie sind, als etwas deswegen zu unternehmen.

Wenn Sie bis hier gelesen haben, werden Sie sicherlich bereits wissen, was ich sagen werde: Wenn Sie etwas nicht wollen, verändern Sie es! Nur weil Sie sich Ihr eigenes Bett gebaut haben, heißt das noch lange nicht, Sie müßten für immer darin liegen bleiben. Es gab nie einen besseren Zeitpunkt als jetzt, sich mit dem Problem zu befassen. Beginnen Sie mit den notwendigen Veränderungen, *bevor* die nächste Beziehung kommt. Ist sie erst einmal da, werden Sie entweder nicht die Energie oder die Lust haben, sich darum zu kümmern – wenigstens nicht für das erste Jahr.

Nehmen Sie sich Zeit, sich hinzusetzen und sich über Ihre Arbeitssituation klarzuwerden. Was genau stört Sie? Was müssen Sie tun, um es zu verbessern? Ist Ihr Vorgesetzter zugänglich? Können Sie das Thema mit ihm oder ihr ansprechen? Klären Sie die Situation für sich selbst, und sprechen Sie offen aus, daß hier ein Problem ist. Reden Sie mit jemandem, der etwas deswegen unternehmen kann. Es ist sinnlos, sich bei Arbeitskollegen zu beklagen; sie haben nicht die Autorität, Dinge zu verändern. Es ist sehr bedeutsam, ernsthafte Schritte zur Lösung des Problems zu machen, sonst werden Sie nachtragend und unglücklich. Statt diese Gefühle zu unterdrücken, sollten Sie sie als Warnsignal ansehen, daß es Zeit zum Handeln ist. Sind Sie sich erst einmal über das Problem klargeworden, reden Sie mit jemandem im Unternehmen, der etwas dafür tun kann. Wenn Ihnen zum Beispiel vor einem Jahr eine Beförderung versprochen wurde und seitdem nichts passierte, müssen Sie dem nachgehen. Das bedeutet nicht, Sie müssen aggressiv sein, aber Sie werden sicherlich herausfinden wollen, wie die Sache steht. Hat man Sie vergessen, oder gibt es einen anderen Grund, warum Sie nicht befördert wurden? Wenn es einen anderen Grund gibt, müssen Sie ihn wissen, und sei es nur, um nicht mehr darüber nachzudenken, daß die Verzögerung auf Unzufriedenheit mit Ihrem Auftreten zurückzuführen ist. Fragen Sie nach, zu welchem Zeitpunkt die Beförderung am besten besprochen werden kann und ob es in Ordnung ist nachzufragen, wenn nichts geschehen sollte. Auf diese Weise zeigen Sie, daß Sie die Sache nicht aus den Augen zu verlieren gedenken und daß sie Ihnen am Herzen liegt. Lassen Sie sich nicht mit ausweichenden Antworten abspeisen; achten Sie darauf, richtig verstanden zu haben, was Ihnen gesagt wurde. Was können Sie verlieren? Man wird Sie wegen der Fragen nicht entlassen, oder? Und wenn, würden Sie dann überhaupt noch dort arbeiten wollen?

Wenn Ihre Arbeit zufriedenstellend ist, Sie aber nicht schnell weiterbringt, ist es Zeit, sich ernsthaft um die Suche nach einer neuen Arbeit Gedanken zu machen. Verstecken Sie sich bitte nicht hinter der Entschuldigung, jetzt wäre nicht der richtige Zeitpunkt – so etwas gibt es nicht. Sie werden immer Gründe finden können, warum Sie nicht anfangen können, sich einen neuen Arbeitsplatz zu suchen. Es fügt Ihrer Liste der Probleme nur noch eine Verzögerung hinzu, statt das ursprüngliche Problem zu lösen. Sie brauchen zehn Minuten täglich, um sich die Stellenangebote in der Tageszeitung anzusehen, vielleicht eine halbe Stunde zum Entwerfen einer aktuellen Bewerbung und noch eine halbe Stunde, sie zu schreiben. Zwischenzeitlich können Sie Ihren alten Arbeitsplatz behalten und sich mit der Sicherheit einer Arbeit im Hintergrund auf dem Arbeitsmarkt umsehen, ohne unter finanziellem Druck zu stehen.

Sollten Sie das Gefühl haben, überhaupt die falsche Arbeit zu tun, mögen Sie diese Gelegenheit nutzen wollen, ernsthaft über Alternativen nachzudenken. Besorgen Sie sich Informationen über andere Berufe, die Sie ansprechen. Lassen Sie sich Broschüren kommen, arrangieren Sie Gespräche mit Menschen, die diese Berufe kennen – *handeln Sie!* Ausbildungen mögen an Abenden, an Wochenenden oder als Fernkurs möglich sein, so daß Ihnen die alte Arbeit erhalten bleibt, während Sie sich weiterbilden. Das hat den Vorzug, Sie in die Lage zu versetzen, Geld zurückzulegen, das Sie vielleicht benötigen, wenn Sie sich später selbständig machen wollen. Sie mögen auch Anrecht auf Kredite oder irgendeine andere finanzielle Unterstützung haben. Sie sehen, es gibt eine Menge Vorbereitungen zu treffen. Ist es nicht gut, daß Sie jetzt die Zeit dazu haben? Durch Ihre Situation als Single haben Sie die Gelegenheit, einen großen Schritt in eine interessantere Zukunft zu tun. Wenn Sie die Chance jetzt nicht nutzen, werden Sie es dann jemals tun?

Die Freizeit beleben

Vor einigen Wochen besuchte ich meine Schwester in Deutschland. Wir gingen mit ihren beiden sieben und acht Jahre alten Söhnen spazieren und beschlossen, von Spielplatz zu Spielplatz zu laufen, um den beiden etwas Unterhaltung zu bieten. Wir kamen schließlich an einen Platz mit einer Rutschbahn in Form eines gewundenen Rohres, das in einem Sandkasten endete. Um nach oben zu gelangen, konnte man entweder an einem Netz aus dicken Seilen hochklettern oder eine Treppe benutzen. Nachdem meine Neffen beide Wege ausprobiert hatten, entschieden sie, daß das Netz die meiste Freude bereitet, und sie kletterten fortan wie Affen an ihm auf und ab. Meine Schwester und ich saßen auf einer nahegelegenen Bank und unterhielten uns. Das Unvermeidbare geschah, einer der Jungen kam und bat uns, mitzumachen. Meine Schwester stimmte zu und rutschte mit ihnen auf der Rutschbahn herunter. Sie gestand später, daß sie sich in der Röhre etwas gefürchtet hatte, da man nicht sehen konnte, wohin man rutschte. Nun beharrten die Jungen darauf, ich sollte es auch probieren. Zu meiner Überraschung stellte ich fest, daß ich wollte, mich aber etwas ängstigte. Einerseits sprach mich das Kletternetz an, aber andererseits machte ich mir Sorgen, an ihm hochzuklettern. War ich mit 37 Jahren noch fit genug, es zu tun? Und würde ich mutig genug sein, durch die geschlossene Röhre nach unten zu rutschen? Ich hatte mir keine Gedanken darüber gemacht, als ich den Kindern dabei zugesehen hatte. Aber als ich es jetzt selbst tun sollte, war ich mir meines Mutes nicht mehr ganz so sicher.

Schließlich begab ich mich nach langem Überreden und vielen Ermunterungen durch meine Neffen an das Kletternetz. Es war das verrückteste Gefühl seit langer Zeit, die wackelige Konstruktion hinaufzuklettern, mich gut festhaltend immer weiter von Sprosse zu Sprosse nach oben zu ziehen und gleichzeitig immer das Gleichgewicht zu halten. An der letzten Sprosse angekommen, mußte ich mich mit meinem ganzen Gewicht oben auf die Plattform schwingen, was sich als ein weiteres Hindernis erwies. Obwohl ich nur ein Fliegengewicht bin, fühlte ich mich beim Versuch dieses Kunststücks so elegant wie ein gestrandeter Wal, doch letztendlich schaffte ich es.

Nun die Rutschbahn. Wieder zauderte ich. Konnte ich es tun? *Sollte* ich es tun? Mein junger Neffe bot mir an, voranzugehen und ich könnte ihm folgen, und so geschah es auch. Ich rutschte nach unten, spürte die Geschwindigkeit zunehmen und gegen die Wand des Rohres gepreßt zu werden, während ich in Kurven und Spiralen dem Erdboden entgegenrutschte. Eigentlich fühlte ich mich ganz gut, so nach unten zu sausen!

Nachdem ich mit den Füßen voran wohlbehalten im Sandkasten angekommen war, fühlte ich mich eigenartig stolz auf mich selbst. Ich hatte es tatsächlich getan, und merkwürdigerweise fühlte es sich wirklich befriedigend an.

Nun möchte ich Ihnen nicht vorschlagen, zum nächsten Spielplatz zu gehen – das Buch in der Hand – eine Rutschbahn mit dem Versprechen hinunterzurasen, Sie würden damit zu einem glücklichen Menschen. Und doch mögen Sie einige der Gedanken, die mir nach meinem kleinen Abenteuer kamen, in Erwägung ziehen. Ich war wirklich erstaunt über das Ausmaß der Befriedigung, die ich dadurch erhielt, daß ich etwas tat, was ich seit meiner Kindheit nicht mehr getan hatte. Auch wenn der ganze Vorfall nur wenige Minuten gedauert hatte, lernte ich daraus, daß es das Element der Erkundung war, was soviel Freude auslöste. Es schien, als würde ich etwas völlig Neues tun – eine Erfahrung, die sich völlig davon unterschied, was ich normalerweise in meiner Freizeit machte. Warum also nicht zukünftig abenteuerlustiger sein? Warum die Freizeit immer nur mit relativ sicheren Dingen verbringen? Wieviel mehr Aufregung, sich neuen Herausforderungen zu stellen, etwas, was uns aus unserer täglichen Routine wirft!

Überraschen Sie sich selbst. Tun Sie etwas Ungewöhnliches, etwas, das verrückt klingt, aber Freude macht. Gehen Sie einen anderen Weg zu Ihrer Arbeit, bleiben Sie bis zur Endhaltestelle im Bus sitzen, rufen Sie spontan jemanden an, den Sie seit langem nicht gesehen haben, oder, noch besser, besuchen Sie ihn spontan. Erkunden Sie die Nachbarschaft, wenn die Person nicht zu Hause ist. Besuchen Sie eine Auktion, gehen Sie zur Kartenlegerin, gehen Sie bei Regen ohne Schirm im Park spazieren, lassen Sie sich mit Aromatherapie oder einer Fußmassage verwöhnen. Wenn Ihnen die Ideen ausgehen, schauen Sie doch einmal in die Tageszeitung, was gerade an Veranstaltungen angeboten wird. Alles ist gut, was sich von dem unterscheidet, was Sie normalerweise tun.

Was haben Sie zu verlieren? Nichts! Selbst wenn Sie merken, daß die neue Erfahrung für Sie nichts auf Dauer ist, werden Sie doch etwas gelernt haben, was Ihren Horizont erweitert. Verlassen Sie den Trott Ihres täglichen Lebens und bereiten Sie sich etwas Aufregung durch das Erkunden von Möglichkeiten, die jenseits der ausgetretenen Pfade liegen. Sie werden sehen, es hilft!

7. *Glückliche Singles – wie sie es anstellen*

Als ich mit dem Schreiben dieses Buches begann, suchte ich nach möglichen Kandidaten für dieses letzte Kapitel. Ich fragte meine Freunde und bat sie, mich zu benachrichtigen, wenn sie einen glücklichen Single unter ihren Bekannten gefunden hatten.

Das Glück schien auf meiner Seite zu sein. Innerhalb der ersten wenigen Wochen hatte ich ein Dutzend Kandidaten, die, nach ihrer Aussage, «ideal» waren. Ich setzte mich mit einigen in Verbindung, und sie stimmten einem Interview zu, sobald ich beim letzten Kapitel angekommen wäre.

Nach einem halben Jahr war es soweit, und ich begann herumzutelefonieren. Von zwölf möglichen Kandidaten hatten zwei geheiratet, vier eine Beziehung begonnen und weitere vier waren sich nicht mehr sicher, ob sie glücklich wären. Mir blieben also nur noch zwei, die es geschafft hatten, bis zu diesem Zeitpunkt Single *und* glücklich zu bleiben. So begann die Suche von neuem ...

Die folgenden vier Interviews gelangten in dieses Buch, weil sie von Menschen handeln, die eine zeitlang entweder mehrmals kurz oder über längere Zeit ohne Partner waren. Namen und Berufe wurden aus Gründen der Vertraulichkeit geändert.

Valerie (50)

Valerie wurde während des letzten Weltkrieges auf dem Land geboren. Nach dem Krieg zog sie mit ihren Eltern und ihrer Schwester nach London. Dort ging sie zur Schule und später zur Hochschule, wo sie einen Abschluß in modernen Sprachen machte.

Mit 19 Jahren heiratete sie und bekam recht schnell zwei Söhne. Während elf Jahren unterbrach sie ihre Arbeit als Sekretärin, um sich um die Kinder zu kümmern.

Sie ließ sich von ihrem Mann nach 13 Ehejahren scheiden und lebte drei Jahre allein mit ihren Kindern, bis sie ihren zweiten Ehemann kennenlernte. Sie waren drei Jahre verheiratet, als er einen heftigen Herzinfarkt hatte und starb.

In der Zeit mit ihrem zweiten Ehemann begann Valerie therapeutische Beratung zu lernen. Sie arbeitet jetzt ganztags als Therapeutin und schreibt ebenfalls Bücher.

Frage: Valerie, wie lange bist Du allein?

Valerie: Neun Jahre, mit einer Unterbrechung von 18 Monaten in der Mitte, als ich mit jemandem zusammenlebte.

Frage: Zurückblickend bist Du also jetzt seit sechs Jahren allein?

Valerie: Ja.

Frage: Sage mir, warum Du Dich als ein glücklicher Single betrachtest. Was macht es so erfreulich?

Valerie: Ich liebe es, für mich zu sein. Ich liebe es, allein zu leben. Ich kann machen, was und *wann* ich es will. Ich kann mich mit Menschen umgeben, wenn ich möchte und kann allein sein, wenn ich möchte. Essen, wann mir danach ist, meine Fußnägel lackieren, wenn ich will, ausgehen, wenn es mir beliebt, schlafen gehen, wann immer mir danach ist. Es ist egoistisch, aber ich genieße die Tatsache, daß es niemanden gibt, an den ich denken muß.

Frage: Was machst Du mit Deinen Ferien? Viele Singles finden insbesondere das schwierig, speziell die alleinstehenden Frauen.

Valerie: Entweder ich plane etwas mit einer Freundin, manchmal mit mehr als einer, oder ich mache aus einem bestimmten Grund Urlaub, zum Beispiel wegen eines Seminars. Ich mache niemals Ferien, wo man am Strand herumsitzt; das habe ich nie gemocht.

Frage: Warst Du eigentlich irgendwann einmal allein in den Ferien, ohne einem Hobby nachzugehen?

Valerie: Ja, schon. Ich bin in Südirland herumgereist.

Frage: Und wie war das?

Valerie: Schön, weil ich Stätten besuchte, die ich sehen wollte und anhielt, wann mir danach war. Ich übernachtete gewöhnlich eher in Motels oder Landgasthöfen als in großen Hotels. Am Abend saß ich da und habe ganz glücklich mit dem, wer auch immer da war, geredet – so bin ich eben. Am nächsten Tag ging ich wieder meiner Wege, und das war großartig.

Frage: Nun sage mir bitte eines: Die klassische Situation der Singles ist es, schrecklich zu finden, allein zum Essen zu gehen und allein am Tisch zu sitzen. Wie gehst Du damit um?

Valerie: Ich glaube, ich bin darum lieber in Landgasthöfen als in vornehmen, modernen Plastikhotels abgestiegen, wo ich mich verlorener gefühlt hätte. In den Gasthöfen ist es informeller; Menschen von den anderen Tischen sprechen einander an, so daß mich dies nicht im mindesten beunruhigte.

Frage: Bist Du immer so gewesen?

Valerie: Ja, meine Mutter pflegte immer zu sagen, daß ich in Schwierigkeiten kommen würde, weil ich in der Warteschlange an der Bushaltestelle die Leute ansprach. Mir machte das nichts aus. Mit 17 Jahren reiste ich allein durch Schweden.

Frage: Das ist also Dein Wesen?

Valerie: So bin ich eben. Mich kümmert das nicht.

Frage: Welchen Rat würdest Du jemandem geben, der gerade Single geworden ist und solche Dinge als schwierig empfindet?

Valerie: Die meisten Menschen, männliche oder weibliche Singles, haben irgendwelche Freunde. Und wenn Du Dich wirklich darum sorgst, allein auszugehen, dann gehe mit einem Freund. Heute ist es nicht ungewöhnlich, eine alleinstehende Frau oder ein alleinstehender Mann zu sein, so daß zahlreiche andere Singles um Dich herum leben.

Frage: Wie war das für Dich, wenn Du an die Zeit zurückdenkst, als Du zum ersten Mal Single wurdest?

Valerie: Wegen der Umstände war es schrecklich. Beim ersten Mal, als ich geschieden wurde, war es nicht so schlimm, weil ich zwei Kinder zu Hause hatte. Aber beim zweiten Mal war es fürchterlich, weil mein Mann unerwartet starb. Wenn es zu einer von Dir gewollten oder ungewollten Scheidung oder Trennung kommt, kannst Du Dich geistig darauf vorbereiten. Bei einem Todesfall gibt es keine Warnung. Ich war ganz plötzlich mit mir allein. Meine beiden Söhne waren aus dem Haus; einer in der Schule, der andere an der Hochschule. Ich mußte umziehen, denn mein damaliger Wohnsitz lag unpraktisch, um Geld zu verdienen. So kam ich in eine neue Wohnung, eine neue Gegend und war gänzlich auf mich allein gestellt. Das war sehr schwierig für mich. Die Tage schienen endlos, obwohl ich arbeitete. Ich dachte, ich könnte mich nie daran gewöhnen.

Frage: Wie lange brauchtest Du, um Dich wieder halbwegs normal zu fühlen?

Valerie: Das ist schwer zu sagen, weil ich die Trauer verarbeiten *und* mit all den anderen Veränderungen umgehen mußte. Aber nach sechs Monaten ging es mir gut, es war mehr oder weniger alles wieder in Ordnung.

Frage: Welche Qualitäten, glaubst Du, haben Dir geholfen, diese schwierige Situation so schnell zu meistern?

Valerie: Ich glaube, es lag an meiner Arbeit, die ich gerne tat und auch daran, ich selbst zu sein. Ich lernte Menschen in meiner Umgebung kennen, dann waren Schulferien, meine Söhne kamen zu mir, und mein Leben hatte wieder einen geregelten Ablauf. Ich denke, daß dies hilft. Wenn Du plötzlich an einem neuen Platz bist, weißt Du nicht, wo etwas zu finden ist. Du weißt nicht, welches die guten Geschäfte sind, wo das Postamt ist usw. Die ganze Umgebung ist neu, alles so fremd. Wenn einmal alles vertraut ist und Du wieder Deinen Rhythmus gefunden hast, wird es viel einfacher.

Frage: Aber denkst Du nicht, daß ein anderer Wohnort manchmal hilfreicher ist, weil Du dann wenigstens nicht an Deine Trauer erinnert wirst?

Valerie: Nein, ich glaube das macht überhaupt keinen Unterschied. Ich würde einer trauernden Person wirklich nicht raten, umzuziehen. Ich glaube, das ist nicht gut. Ich mußte es tun, um Geld zu verdienen, aber ich glaube wirklich nicht, daß es eine gute Sache ist.

Frage: Denkst Du, es ist zuviel, mit dieser Veränderung umzugehen?

Valerie: Ja, weil ich glaube, daß Du eigentlich noch an Dinge erinnert werden mußt, auch wenn es schmerzt. Da ist der Platz, wo er oder sie gesessen hat, oder das Kino, in das ihr gewöhnlich gegangen seid. Es ist traurig, aber beruhigend. Hat man zusammen in einer Wohnung gelebt, wird man wahrscheinlich auch einige Freunde in dieser Gegend haben, die einem normalerweise gut beistehen.

Frage: Wie stehst Du momentan zu Beziehungen?

Valerie: Nun, nach dem Tod meines Ehemannes lebte ich für zwei schöne Jahre mit einem Partner zusammen. Das war etwa 18 Monate, nachdem mein Mann gestorben war. Es ging schließlich nicht gut, doch wir gingen als Freunde auseinander. So wie ich heute dastehe, denke ich nicht, daß ich jemals wieder in einer Beziehung sein möchte, wo ich mit dem Partner zusammen lebe.

Frage: Glaubst Du, die Vorteile des Alleinlebens sind zu groß?

Valerie: Ja. Ich bin nicht gegen Männer, ich genieße ihre Gesellschaft, aber ich möchte wirklich nicht das Theater, mit jemandem zusammenzuleben, wenn ich ihn nicht liebe, oder den Stich, der schmerzt, wenn Du ihn liebst. Ich bin ohne das alles viel glücklicher.

Frage: Wie siehst Du also die Zukunft Deiner Beziehungen?

Valerie: Ich ziehe es vor, an eine liebevolle Freundschaft mit einem Menschen zu denken, den ich mag. Ich würde nicht überhaupt keinen Kontakt oder irgendeine Beziehung wollen. Aber lieber keine Beziehung, als eine um einer Beziehung willen. Ich denke, ich könnte nicht ausgehen, um mich nach einer Beziehung umzusehen. Ich gehe nicht in Singleklubs oder so etwas.

Frage: Was glaubst Du, führt Menschen in solche Singleklubs?

Valerie: Ich denke, Sie versuchen eigentlich ihr eigenes Ego aufzuwerten. Bist Du allein, denkst Du entweder «Ich bin allein, weil ich ich selbst bin und mich vollständig fühle» oder «Es muß etwas falsch mit mir sein, weil ich allein bin». Ich bin der Meinung, daß die Menschen, die sich auf die Suche nach einer anderen Beziehung machen, jemanden brauchen, der ihnen sagt, daß mit ihnen alles in Ordnung ist. Ich habe das Gefühl, daß ich ein ganzer Mensch bin, deshalb brauche ich nicht neuen Beziehungen nachzujagen. Ich bin in Ordnung. Ich bin nicht perfekt, aber ich bin gut, so wie ich bin. Ich brauche niemanden, um meine Selbstachtung zu stärken.

Frage: Was ist mit der Einsamkeit? Fühlst Du sie, und wie gehst Du damit um?

Valerie: Ich kenne das eigentlich nicht. Weder die Angst noch die Einsamkeit.

Frage: Warum denkst Du, ist das so?

Valerie: Wenn ich ein Mensch wäre, der ohne jegliche Freunde irgendeines Geschlechts zu Hause sitzt, dann würde ich einsam sein. Aber an den Tagen, wo man allem überdrüssig ist, die wir alle kennen, gibt es immer jemanden zum Anrufen und Reden oder um auf einen Drink auszugehen, so daß ich mich eigentlich nicht einsam fühle. Wenn ich vielleicht Single wäre und niemals eine Beziehung gehabt hätte, würde ich mich wohl anders fühlen, weil ich nicht wüßte, was ich vermißte. Oder ich würde verzweifelt Kinder haben wollen und keine bekommen. Aber ich habe diese Teile gelebt. Und solange niemand kommt, der so absolut phantastisch ist, daß es mich umhaut – und ich bin immer noch von Paul Newman begeistert, auch wenn er alt ist –, sehe ich mich eigentlich nichts unternehmen, um eine Beziehung zu haben. Du wirst sehr selbstsüchtig, wenn Du allein bist. Es ist wunderbar. Die ganze Einrichtung meines Hauses entspricht meinem Geschmack. Ich esse, was mir behagt. Wenn ich nicht essen will, lasse ich es – ich muß für niemanden kochen. Wenn ich irgendwo hingehe, dann weil ich es will, nicht weil ich jemanden einen Gefallen tun möchte.

Frage: Welche Deiner Qualitäten, glaubst Du, geben Dir das Gefühl, Dein Leben sei so erfüllt?

Valerie: Ich denke, daß es wichtig ist, mit Menschen umgehen zu können. Viele Frauen neigen dazu, sich in sich zurückzuziehen und haben deswegen niemanden, weder einen Mann noch eine Frau, auf die sie sich wirklich beziehen können. Das, glaube ich, muß es sehr schwierig machen. Je länger Du ohne Gesellschaft bist, desto mehr wirst Du Dir deswegen Sorgen machen und desto mehr wirst Du annehmen, an Dir wäre etwas falsch. Ich glaube, daß es Dir gutgeht, wenn Du grundsätzlich aus Dir selbst heraus erfüllt bist, andere Menschen kennst, die Du einmal anrufen kannst und Dinge tust, die Dich interessieren, oder einen Beruf hast, den Du magst.

Frage: Grundsätzlich sagst Du also, daß nach außen gehen und leicht Kontakte zu anderen Menschen herstellen eine Qualität in Dir ist, die Dir hilft, glücklich zu sein?

Valerie: Ich denke, ja. Es ist die eine Sache, isoliert zu sein, weil Du es Dir ausgewählt hast. Aber wenn Du es bist, weil Du glaubst, daß es keine Alternative gibt, muß das schrecklich sein.

Frage: Hast Du irgendeinen Rat für diejenigen, die Probleme mit dem Singledasein haben?

Valerie: Wenn Du glaubst, daß Du nichts machen kannst, gehe irgendwo hin, wo Menschen sind. Es muß kein Klub sein. Versuche, an Abendkursen teilzunehmen, wo Menschen sind, die an den gleichen Dingen interessiert sind. Suche *nicht* nach einem Partner, suche lediglich nach Menschen, die Deine Interessen teilen. Aber wenn alle Italienisch lernen, gibt es etwas, über das man sich unterhalten kann. In den Pausen wirst Du Menschen kennenlernen und wahrscheinlich auch einen, den Du außerhalb der Abendschule treffen kannst. Letztendlich kommt es darauf an, zu denken, daß Du Dir wichtig bist, und so viele Menschen glauben nicht, daß sie wichtig sind.

Peter (23)

Peter kommt aus dem Norden Deutschlands und arbeitet jetzt in Frankfurt im Verkauf.

Als er nach Frankfurt zog, kannte er niemanden, und er empfand diese Zeit als schwierig, weil er merkte, daß Frankfurt ziemlich bedrückend sein kann, wenn man alleinstehend ist.

Peter hatte bereits einige Arbeitsstellen nach der Schule. Er arbeitet nun im Verkauf, was ihm Freude macht, da es ihm Abwechslung und Herausforderungen im Umgang mit Menschen bietet. Er hat sich gerade von seiner Freundin getrennt.

Frage: Peter, wie lange bist Du Single?

Peter: Seit etwa drei Wochen.

Frage: Warst Du schon einmal allein? Und was war die längste Zeit, wo Du mit Dir allein warst?

Peter: Du meinst zwischen zwei Beziehungen? . . . Etwa 18 Monate.

Frage: Es ist nicht lange her, da Du Dich getrennt hast, so daß es noch etwas schwierig sein muß. Wie geht es Dir damit?

Peter: Nun, es war meine Entscheidung. Es stand schon lange an.

Frage: Wie lange dauerte die letzte Beziehung?

Peter: Ungefähr zwei Jahre.

Frage: Was sind Deine zukünftigen Pläne? Wie lebst Du im Moment?

Peter: Genauso wie immer. Nichts hat sich geändert, nur meine Freundin sehe ich nicht mehr. Ich gehe immer noch aus.

Frage: Wie sind jetzt Deine Sozialkontakte?

Peter: Von Montag bis Donnerstag läuft nichts – ich bin während der Woche einfach zu müde, aber ich achte darauf, daß ich an den Wochenenden ausgehe.

Frage: Erzähle mir etwas von Deinem gesellschaftlichen Leben.

Peter: Ich mag Musik; ich sehe mir gerne Musikgruppen an und gehe in Kneipen. Es gibt da eine, in der ich mich gern aufhalte. Da ist immer viel los, und ich kenne alle dort.

Frage: Bist Du jemals allein in Urlaub gefahren, als Du zuvor Single gewesen bist?

Peter: Ich war ohne Freundin in Urlaub, aber nicht allein.

Frage: Mit wem verbringst Du also Deinen Urlaub, wenn Du fährst?

Peter: Mit Freunden.

Frage: Und welche Art von Ferien machst Du?

Peter: Ich war in Amsterdam, Irland – Orte wie diese. Ich mag interessante Ferien, nicht nur einen Strand. Ich mag etwas anderes, wo ich auf Entdeckungsreise gehen kann.

Frage: So, was machst Du denn nun in Deinen Urlauben?

Peter: Ich mache so ungefähr dasselbe wie zu Hause, nur an einem anderen Ort. Also neue Plätze, neue Gesichter, ich lasse es einfach auf mich einwirken.

Frage: Wie ist es mit dem allein Essen?

Peter: Das könnte ich nicht machen! Es erstaunt mich, wenn ich in ein Restaurant gehe und Menschen allein essen sehe, weil das etwas ist, was ich nicht machen würde. Ich würde lieber zu Hause für mich selbst kochen.

Frage: Was findest Du daran so unmöglich?

Peter: Essen ist toll und ist eine gute Gelegenheit zum Reden, zum Beispiel Gespräche nach dem Abendessen. Das kannst Du nicht allein machen, nicht wahr?

Frage: Nein, das stimmt. Sage mir also, wie Du mit Deinen Gefühlen umgehst, wenn Du Dich nicht wohl fühlst, wenn Du zum Beispiel einen schlechten Tag im Büro hattest?

Peter: Ich vergrabe mich in ein Buch. Bei schlechter Laune bin ich gerne allein. Ich bin gerne viel Zeit mit mir allein, meinen eigenen Gedanken nachhängend und meine eigenen Sachen machend. Ich liebe Lesen, Du kannst Dich in einem Buch geradezu verlieren. Es versetzt Dich an einen anderen Ort, und Du kannst alles vergessen. Nach einigen Stunden fühle ich mich wieder wohl. Das Leben ist zu kurz, um niedergeschlagen zu sein. Ich könnte hier rausgehen und von einem Taxi überfahren werden. Was hast Du davon, wenn Du Dich schlecht fühlst und von einem Taxi überfahren wirst? Du könntest genausogut mit einem Lächeln auf den Lippen sterben. So sehe ich das. Ich bin mit Sicherheit ein Optimist.

Frage: Wie siehst Du Deine Zukunft? Denkst Du an eine andere Beziehung, oder ist das im Moment etwas, was Du Dir am wenigsten vorstellen kannst?

Peter: Es ist nicht so, daß ich mir das im Moment gar nicht vorstellen kann, aber Du weißt doch nie, was passieren wird. Ich meine, ich könnte hier rausgehen und jemand an der Bushaltestelle oder sonstwo treffen und schon wäre es passiert. So traf ich meine letzte Freundin. Es war reiner Zufall. Ich suche nicht danach, ich denke nicht «Oh, Gott, ich habe niemanden abbekommen». Es wird passieren. Es wird. Ich suche es weder aktiv noch meide ich es.

Frage: Macht es Probleme, wenn Du als Single mit Deinen Freunden, die Paare sind, ausgehst?

Peter: Bei meinen Freunden spielt das glaube ich keine große Rolle mehr. Aber wenn Du zum Beispiel zu einem Abendessen eingeladen wirst, dann ja. Gehst Du aber in eine Bar, eine Kneipe oder auf eine Party, dann nicht. Du hast einen Bonus, wenn Du allein zur Party gehst.

Frage: Und warum ist das so?

Peter: Du brauchst Dich nicht um die andere Person zu kümmern. Du bist allein und kannst Du selbst sein. Als ich mit meiner Freundin zusammen war, fand ich heraus, daß ich manchmal jemand sein wollte, der ich nicht war. Dagegen nehmen Dich die Leute so, wie Du bist, wenn Du allein bist.

Frage: Also ist es auf eine Art entspannter für Dich?

Peter: Ganz bestimmt.

Frage: Welche anderen Vorteile hat das Alleinsein für Dich gegenüber dem mit jemandem zusammenzusein?

Peter: Einmal ist es billiger. Glaube mir! *Und* Du hast einfach keine Einschränkungen, Du kannst kommen und gehen wie Du willst, und so mag ich es. Niemand erwartet etwas von mir, etwas Bestimmtes zu tun oder zu sein, so daß ich tun kann, was ich will.

Frage: Welche persönlichen Qualitäten glaubst Du zu haben, die Dir helfen, ein glücklicher Single zu sein?

Peter: Ich mag meine eigene Gesellschaft. Ich bin gerne mit mir, seien es 20 Minuten, drei Wochen oder zwei Sekunden.

Frage: Aber wenn Du über Zeit mir Dir selbst redest, meinst Du nicht, keine Freunde zu sehen, oder?

Peter: Es gibt Zeiten, wo ich gar niemanden sehen möchte – wenn ich einen wirklich schrecklichen Tag hatte oder etwas schwer auf mir lastet. Dann muß ich wirklich allein sein, und das macht mir nicht im mindesten etwas aus. Aber andererseits brauche ich meine Freunde, ohne die ich mich verloren fühlen würde.

Frage: Welche Empfehlung würdest Du jemandem geben, der zu Hause sitzt und absolut damit unglücklich ist, Single zu sein?

Peter: Gehe raus und unternehme etwas dagegen! Du wirst niemand treffen, wenn Du zu Hause sitzt. Du mußt rausgehen, Plätze finden, wo Du Menschen Deinesgleichen triffst. Du bekommst nur das raus, was Du reingegeben hast. Es ist eine große Welt, es gibt viele Menschen da draußen, und alles ist möglich. Gehe nicht raus und erwarte, jemanden zu finden; mache Dir lediglich eine schöne Zeit. Du mußt ein Optimist sein, weil Du nicht mit einem langen Gesicht rumlaufen kannst. Wenn ich mich nicht wohl fühle, versuche ich andere zum Lachen zu bringen in der Hoffnung, ein Lächeln zu erzeugen, und das bringt mich aus dem Zustand heraus.

Frage: Wie wichtig ist Deine Arbeit für Dich?

Peter: Sie ist ziemlich wichtig, auch wenn sie mir nicht alles bedeutet. An meiner jetzigen Stelle arbeite ich mit Menschen zusammen, die ich liebe. Ich habe die Gelegenheit, den ganzen Tag mit Menschen zu reden, und ich genieße das. Ich mag Abwechslung, es ist das Salz des Lebens, und das bekomme ich mit Sicherheit durch diese Arbeit.

Natalie (43)

Natalie arbeitet als Systemanalytikerin für eine Universität. Sie ist selbständig.

Natalie traf Tom, als sie 18 Jahre war. Mit 23 Jahren zog sie mit ihm zusammen und verbrachte die nächsten 15 Jahre mit ihm. Als die Beziehung einschlief, beschlossen sie, sich zu trennen. Es wurde schließlich zu einem langanhaltenden Prozeß, teilweise, weil sie so lange zusammen gewesen waren, teilweise, weil sie sich zusammen einen angenehmen Lebensstil entwickelt hatten, den sie nur zögernd aufgaben. Alles in allem dauerte es drei Jahre, um ihre Trennung zu vollziehen.

Frage: Wie lange bist Du Single?

Natalie: Fünf Jahre.

Frage: Wie kommt es, daß es Dir mit dem Alleinsein gutgeht, während viele Menschen, speziell Frauen, sich deswegen wirklich unglücklich fühlen?

Natalie: Ich denke, ich war schon immer eine Einzelgängerin. Wenn ich mit jemandem zusammen war, dann widersetzte ich mich bis zu einem bestimmten Grad, die ganze Zeit mit ihm zu sein. Als ich dann schließlich allein war, genoß ich das gründlich. Auch als das Neue daran nachließ, mochte ich es noch.

Frage: Du nennst Dich eine Einzelgängerin. Hast Du aus diesem Grund beschlossen, Beziehungen seien zu viel Theater?

Natalie: Nein, ich glaube nicht, daß sie zuviel Theater sind; ich habe nur niemanden gefunden, mit dem ich eine Beziehung haben möchte. Ich kenne niemanden, mit dem ich auch nur annähernd zusammen sein möchte.

Frage: Nicht einmal annähernd? So schlimm ist es?

Natalie: Es ist so schlimm. Ich habe niemanden getroffen, bei dem ich dachte: «der ist es». Nach vier Jahren des Herumwanderns und der Verabredungen bin ich nie über den ersten Schritt hinausgekommen.

Frage: Was ist denn der zweite Schritt?

Natalie: Das ist, nehme ich an, jemanden zu finden, der so ist wie ich. Jemand, der mag, was ich tun mag, der nicht so sehr auf Geld ausgerichtet ist. Ich bin nicht bereit, mit irgend jemandem zusammenzusein; er muß bestimmte Kriterien erfüllen. Ich habe mich jetzt zu lange mit Dingen beschäftigt wie dem Aufstieg der gesellschaftlichen Karriereleiter und allem, was damit verbunden ist. Ich will nichts mehr davon. Ich traf jemanden, von dem ich glaubte, er wäre gerade richtig, doch er war verheiratet, und das ging also nicht. Und in vier Jahren war er der einzige, von dem ich sagen konnte, daß «ich ihm ans Ende der Welt folgen würde».

Frage: Du scheinst mehr oder weniger beschlossen zu haben, daß es ziemlich unwahrscheinlich ist, jemanden zu finden. Wie fühlt sich das für Dich an?

Natalie: Gut. Ich war so erleichtert nach meiner letzten Beziehung, allein zu sein. Manchmal schaue ich mich an den Wochenenden um und denke darüber nach, was ich wohl unternehmen werde. Und das ist wie ein Hochgefühl – ich kann tun, was ich will. Ich bekomme immer noch das Gefühl, es ist nach fünf Jahren nicht vergangen!

Frage: Was machst Du mit den Ferien?

Natalie: Ich kann ganz gut allein Ferien machen, aber ich mache es nicht mehr so oft; ich gehe mit Freunden. Im Juni soll ich eine Nichte mit mir in Urlaub nehmen. Später werde ich mit vier anderen Frauen die Türkei besuchen. Im August fahre ich mit einer Frau und einem Mann, beide Singles, in die Toskana. Immer mit verschiedenen Leuten, nie mit denselben Menschen.

Frage: Worin liegt Deiner Meinung nach der Vorteil, mit anderen Urlaub zu machen statt allein?

Natalie: Kameradschaft ist ein Vorteil, weil ich mir die Leute ausgesucht habe, mit denen ich gehe, und normalerweise mögen sie dieselben Dinge wie ich.

Frage: Würdest Du sagen, daß es mehr Freude bereitet, mit anderen zu sein, oder macht es genauso viel Spaß, allein Urlaub zu machen?

Natalie: Ich könnte ganz gut allein sein; das war nie ein Problem.

Frage: Wie ergeht es Dir mit dem allein Essen gehen?

Natalie: Ich denke, als Grundausstattung habe ich ein Buch dabei, so daß ich zu lesen anfangen kann, wenn sich mir jemand nähert. So ist es offensichtlich, daß ich niemanden näherkommen lassen will. Wenn ich allein in Urlaub war, ging ich gewöhnlich in den ersten Tagen in das Hotelrestaurant essen. Die Menschen wissen dann, daß Du allein bist und fangen Gespräche an. Ich habe die Erfahrung gemacht, daß ich eigentlich mehr Menschen kennengelernt habe, wenn ich allein war. Wenn Du recht offen und freundlich bist, ist es niemals ein Problem.

Frage: Gehst Du auf Menschen zu, wenn Du allein bist, oder beobachtest Du, daß Menschen auf Dich zugehen?

Natalie: Ich habe immer festgestellt, daß sich die Menschen mir nähern. Ich habe mich nie anders verhalten. Wenn sie es nicht taten, war es auch gut. Ich kann dasitzen und ein Buch lesen, spazieren gehen oder irgendetwas anderes tun. Ich habe das nie als ein Problem empfunden. Nach meiner Erfahrung wenden sich die Leute an mich, um mich zu fragen, ob ich mich ihnen anschließe. Ich weiß nicht, ob sie mich bedauern. Ich hoffe, ich habe ihnen nie diesen Eindruck vermittelt!

Frage: Nun, Du hörst Dich wirklich nicht so an, als ob Du Dich bedauerst.

Natalie: Oh, nein!

Frage: Kannst Du mir sagen, wie sich Dein berufliches Leben in Dein Singledasein einfügt? Macht es einen Unterschied für Dich, daß Du selbständig bist?

Natalie: Ja, bestimmt, weil ich das Gefühl, selbständig handeln zu können, mag. Ich mag es, mich unabhängig zu fühlen. Ich bin in vieler Hinsicht unabhängig, vielmehr als andere Menschen. Ich habe keine Beschränkungen, und das hat mir eine ganze Menge geholfen.

Frage: Passiert es Dir jemals, daß Du Dich etwas einsam fühlst?

Natalie: Ja. Es trifft mich, wenn ich bei der Familie meiner Schwester bin – sie hat vier Kinder. Sie hat ein geregeltes Leben und weiß, was in den nächsten zehn Jahren passieren wird. Ihre Töchter werden heiraten usw. Diese Familienbande sind etwas Beständiges, was ich nicht habe. Manchmal bedauere ich das, aber nicht oft.

Frage: Wie gehst Du also mit diesen gelegentlichen Anfällen des Selbstmitleids um?

Natalie: Ich bedauere, daß ich daran nichts ändern kann, und da ich Optimist bin, mache ich weiter. Ist es da, dann vergeht es bis zum nächsten Mal.

Frage: Was würdest Du sagen, sind die Qualitäten, die man als glücklicher Single braucht?

Natalie: Es ist hilfreich, wenn Du Dich mit Dir selbst wohl fühlst. Ich denke auch, daß es manchmal hilft, wenn Du eine gute Vorstellungskraft hast. Allein kannst Du Dir vielmehr vorstellen, als wenn Du mit jemandem zusammen bist. Zum Beispiel kannst Du Dir vorstellen, vielleicht irgendwo zu sein oder daß Du ein Ziel hast. Du hast jede Chance, daß es wahr wird, weil es an Dir liegt, daß es sich verwirklicht. Bist Du jedoch mit einem Menschen zusammen, mußt Du ihn genauso wie die Kinder in der Familie mit einbeziehen. Das macht es weniger wahrscheinlich, daß Du Dein Ziel erreichst. Ich denke immer, daß es noch etwas Besseres gibt und ich frei bin, die Hand danach auszustrecken. Ich bin nicht eingeschränkt, ich kann es noch tun, falls ich es möchte. Der Ärger in der Beziehung war, daß ich viele Male nicht tun konnte, was ich wollte. Da war immer etwas, was mich zurückhielt, d. h. er. Ich fühle mich jetzt, da ich allein bin, als mein eigener Herr. In der Beziehung war ich die, die er wollte, daß ich es war.

Rupert (36)

Er verbrachte acht Jahre als Offizier im Militärdienst. Als seine Zeit endete, ging er zur Universität und erwarb einen Titel.

Im Alter von 29 Jahren diagnostizierte man bei ihm Krebs und gab ihm noch sechs Monate zu leben. Er streitete sich mit den Medizinern heftig und behauptete, ihre Diagnose als falsch beweisen zu wollen – und so war es.

Dann begann er als Finanzexperte zu arbeiten und stieg schnell in höchste Positionen auf, bis er an der Spitze, als Direktor, angelangt war. Als er merkte, daß er nicht mehr erreichen konnte, begann er sein eigenes Unternehmen.

Ruperts letzte Beziehung liegt zwei Jahre zurück.

Frage: Rupert, Du erklärtest Dich bereit, zum Thema «glückliche Singles» interviewt zu werden. Was macht Dich dazu? Was ist das Rezept?

Rupert: Ich denke, es liegt daran, daß ich mit meinem Schicksal zufrieden bin. Das Leben ist voll, es bewegt sich in eine positive Richtung. Ich bin erfolgreich in meinem Beruf, und ich bin Single aus eigener Entscheidung.

Frage: Ich weiß, Du bist sehr beschäftigt in Deinem Unternehmen. Hast Du überhaupt Zeit für Ferien?

Rupert: Ich richte es so ein, daß ich mindestens alle drei Monate eine bis zwei Wochen Urlaub mache. Ich werde bei Freunden sein oder mit ihnen wegfahren. Ich werde grundsätzlich nicht allein in Urlaub gehen, weil ich viele Freunde habe, mit denen ich fahren kann.

Frage: Aber hast Du es eigentlich jemals probiert, allein in Urlaub zu fahren?

Rupert: Oh, ja, das habe ich. Ich bin alleine um die Welt gereist. Ich habe es ziemlich genossen. Die Kunst, mit sich allein zu sein, ist, zu wissen, wie man andere Menschen kennenlernt, und das ist mir immer gelungen.

Frage: Bist Du auf die Menschen zugegangen, oder hast Du gewartet, daß sie Dich ansprechen?

Rupert: Ich bin eher scheu, und so würde ich nicht den ersten Schritt tun. Doch durch Aktivitäten wie Klettern oder Kanufahren zum Beispiel, trifft man andere Menschen und teilt seine Abenteuer mit ihnen. Nur weil Du Single bist, heißt das nicht, Du wärest von den anderen getrennt. Du mußt Dich einfach in Bewegung setzen, diese Aktivitäten arrangieren und etwas tun!

Frage: Würdest Du Singles grundsätzlich empfehlen, eher einen Aktivurlaub als einen Strandurlaub zu machen?

Rupert: Nein. Ein Strandurlaub kann auch große Freude machen. Nimm den Club Mediterranée. Das ist Strandurlaub mit einer Vielzahl möglicher Aktivitäten. Alles ist für Dich arrangiert, und da gibt es kein Problem, Menschen kennenzulernen.

Frage: Was ist mit Deiner Freizeit zu Hause? Gehören dazu Freunde, oder gehst Du auch manchmal allein zum Essen aus?

Rupert: Gelegentlich esse ich allein und freue mich, allein mit mir zu sein. Ich muß mich auch nicht wie manche Zeitgenossen hinter einem Buch verstecken.

Frage: Was glaubst Du, denken die anderen Menschen von Dir, während Du also allein im Restaurant sitzt?

Rupert: Ich weiß nicht... Ich bin mir der anderen Menschen nicht wirklich bewußt. Aber ich erwarte bestimmt nicht, daß sie mich als Außenseiter betrachten. Ich gehe einfach in ein Restaurant, um das Essen und eine schöne Flasche Wein zu genießen. Sollten Menschen über mich nachdenken, dann wahrscheinlich darüber, warum ich so glücklich aussehe.

Frage: Was ist mit anderen Aktivitäten außerhalb der Arbeit, außer dem Essen?

Rupert: Ich mache bewußt Anstrengungen, aus dem Haus zu gehen. Ich genieße Laufen. Es gibt einige wunderbare Strecken im Park nebenan und im Wald, wo ich jeden Tag normalerweise eine halbe oder ganze Stunde laufe. Das ist eine Möglichkeit, nach draußen zu kommen.

Ich denke, wenn Du ein sehr erfolgreicher Single werden willst, mußt Du organisiert sein. Ich bin nicht so gut organisiert, ich plane nicht so weit im voraus, was ich an einem bestimmten Abend machen werde. So kommt es, daß ich oft abends allein mit mir bin. Doch es stört mich nicht; ich finde immer etwas zu tun.

Frage: Wie wichtig sind Deine Freunde in Deinem Leben?

Rupert: Sehr wichtig. Ich habe nur wenige Freunde, aber sie sind *richtige* Freunde, nicht nur Bekannte. Sie sind wirklich ein Ersatz dafür, einen Partner zu haben. Ich habe da eine besondere Freundschaft, die ich sehr erfüllend finde. Es ist eine Freundin, die im Ausland verheiratet ist. Ich kann alles mit ihr teilen, über alles mit ihr reden, und das gibt mir die emotionale Unterstützung, die ich als Alleinstehender brauche. So telefonieren wir viel miteinander, was ich ganz enorm genieße.

Frage: Aber es ist keine sogenannte «intime» Beziehung im körperlichen Sinne?

Rupert: Nein, das nicht.

Frage: Gab es solche Beziehungen in der Vergangenheit?

Rupert: Ja, einige, aber alle waren ziemlich kurz. Meine letzte Beziehung endete vor zwei Jahren und hatte nur sechs Monate gedauert.

Ich glaube, es gibt nur eine oder zwei Frauen auf der Welt, die für mich richtig wären. Ich warte lieber auf die richtige Person, anstatt mich deswegen verrückt zu machen, daß ich keinen Partner habe.

Frage: Das klingt wie eine sehr entspannte Einstellung. Sage mir, welche Rolle spielt Deine Arbeit in Deinem Leben als Single?

Rupert: Sie ist mir sehr wichtig, weil es eine Herausforderung ist, ein eigenes Unternehmen zu führen, und weil mich das Geld, das ich verdiene, in die Lage versetzt, zu tun, was ich möchte. Ich habe mir vorgenommen, bis vierzig wirklich viel zu arbeiten, um dann von den Erträgen zu leben und mir Zeit zu nehmen, um die Welt zu reisen, alte Freunde zu treffen usw.

Frage: Die Arbeit hat also zwei positive Seiten – Du genießt sie, und sie versorgt Dich mit dem notwendigen Geld, um Deinen anderen Interessen nachzugehen.

Rupert: Ja, absolut.

Frage: Du klingst nach einer sehr positiven und bestimmten Person. Wie machst Du das?

Rupert: Ich denke, Du mußt Deine Werte bestimmen. Du mußt wissen, worum es im Leben geht und ein Bild haben, warum Du existierst. Nach drei Jahren intensiver Suche und Entdeckung der spirituellen Seite des Lebens, kam ich zu dem Schluß, daß es nur um persönliche Entwicklung geht.

Mein Glaube konzentriert sich auf das Konzept der Wiedergeburt, auch wenn ich im Grunde nicht religiös bin. Ich denke aber, daß es in jedem Leben darum geht, besser zu werden, mehr über sich zu erfahren und zu anderen Menschen Beziehungen herzustellen. Die wichtigste Qualität ist, mit sich selbst im reinen zu sein und seinen eigenen Weg zu gehen, und das mag nicht der konventionelle Weg des Heiratens und Kinderhabens sein.

Wenn ich mein Leben bis jetzt betrachte, kann ich sagen, daß ich schon einige einzigartige Erfahrungen gemacht habe. Nach meiner Militärzeit setzte ich mich für meinen Doktortitel an der Universität ein und fand dann heraus, daß ich Krebs hatte. Zu dieser Zeit lebte ich mit meiner Mutter, die sich während der Krankheit um mich kümmerte. Ich hatte bereits beschlossen, die Krankheit mit allen verfügbaren Mitteln zu bekämpfen, trotz düsterer Vorhersagen der Ärzte. Ich war entschlossen, den Kampf zu gewinnen. Als meine Mutter mir jeden Morgen mein Frühstück mit Tränen in den Augen brachte, entschied ich, zu gehen. Ich wollte nicht von ihrem Kummer beeinflußt werden.

Ich ging und veränderte meinen Lebensstil während der nächsten sechs Monate radikal, nahm nur Rohkost und Wasser zu mir – und die nächste Aufnahme zeigte keine Anzeichen von Krebs mehr. Ich glaube, es ist wirklich sehr wichtig, Dich mit positiven Menschen zu umgeben, weil sie Dich weiterbringen und glücklich machen. Verbringe Deine Zeit nicht mit Kleingläubigen und höre Dir nicht ihr Jammern und Klagen an! Wenn Du es machst, wirst Du am Ende zu ihnen gehören.

Leben bedeutet, eine Reihe von Erfahrungen zu sammeln, welche Dir Dein persönliches Wachstum ermöglichen. Ich kann nicht genug die Kraft positiven Denkens betonen. Du brauchst unbedingt gute, nahe Freunde. Du brauchst Vertrauen in Dich selbst und mußt Dich für Deine Belange einsetzen. Du bekommst vom Leben zurück, was Du eingesetzt hast.

Hilfreiche Fähigkeiten und Fertigkeiten

Wenn wir uns die Interviews zuvor betrachten, gibt es einige Charakteristika, die als besonders nützlich auffallen, wenn Sie ohne einen Partner sind. Zweifellos müssen Sie allein beträchtlich aktiver sein als mit einem Partner. Wie Sie gesehen haben, suchten sich die Befragten oft Freunde als Begleitung für Ihren Urlaub oder an Wochenenden aus. Das ist bestimmt eine gute Möglichkeit, sich selbst viel von dem Druck zu nehmen. Erfahrungen mit anderen zu teilen ist an und für sich schon unterhaltsam. Selbst wenn Sie nur ganz normal ausgehen, zum Beispiel in Ihre Kneipe nebenan, kann das Freude machen, weil die andere Person ihre Ansichten, Meinungen und Erfahrungen einbringt – und Kommentare über die Qualität des Bieres Ihrer Kneipe oder über den Haarstil des Typen in der Ecke macht...

Tatsächlich kann das Ausgehen mit Freunden oft mehr Freude machen als mit einem Partner. Aus dem Grund, weil Sie mit Ihren Freunden mehr sich selbst sein können. Sie akzeptieren sich so wie Sie sind, während der Partner bestimmte Erwartungen an Sie hat. Sie können nicht einfach in Jeans ins Theater gehen, Sie müssen etwas «Nettes» tragen; Sie können nicht einfach ein schnelles Essen zusammenstellen, Sie müssen Servietten kaufen gehen, weil Ihr Arbeitskollege kommt usw. Freunde andererseits nehmen Sie so, wie Sie gerade sind. Und das macht das ganze Unternehmen entspannter.

Lassen Sie uns die Qualitäten betrachten, welche Sie mit oder ohne Freunde brauchen, um Ihr Leben als Alleinstehender in die richtigen Bahnen zu lenken.

Freude an Ihrer eigenen Gesellschaft

Das ist wahrscheinlich das größte Plus, das Sie als Single haben können. Mit sich allein sein und sich dabei wohl fühlen bedeutet, daß Sie die innere Ruhe haben, sich mit allen Ihren Stärken und Schwächen akzeptieren und, wenn es einmal schwierig wird und Sie das Wochenende ganz allein mit sich verbringen, Sie sich immer noch mit sich vergnügen.

Das Problem mit den Zeiten des Alleinseins ist, daß es Ihnen ermöglicht, zu *denken*. Das geht gut, solange Sie sich mögen. Es wird aber recht unangenehm, wenn Sie noch ungeklärte Dinge auf emotionaler Ebene haben. Wenn Sie sich in irgendeinem Punkt unzulänglich oder mangelhaft empfinden, werden Sie diese negativen Emotionen weit stärker erfahren, wenn es keine Abwechslung gibt. Wie wir in Kapitel 5 gesehen haben, unternehmen der Partyheld und Karrieretyp alles, um sich nicht mit ihren Schwächen auseinanderzusetzen, indem sie sich in die Gesellschaft anderer Menschen oder in ihre Arbeit stürzen.

Sie können recht einfach herausfinden, ob noch unerledigte, emotionale Dinge in Ihrem Unterbewußtsein lauern. Sie müssen sich nur zehn Minuten hinsetzen und die Augen schließen; kein Radio, kein Fernsehen, kein Buch oder Zeitschrift oder Zeitung. Sie sitzen nur da. Beobachten Sie, welche Gedanken in Ihrem Geist auftauchen. Sind sie angenehm? Sind sie beunruhigend? Sie mögen überrascht sein, wie lange zehn Minuten sind, wenn Sie mit Ihren Gedanken allein sind...

Wenn Sie Probleme haben, mit sich allein zu sein, dann konzentrieren Sie sich auf Kapitel 6, Seiten 88 ff. und Seiten 115 ff.

Nach außen gehen

Alle vier Interviewpartner betonten die Wichtigkeit, Teil eines sozialen Netzwerks zu sein. Obwohl Sie sich alle mit sich allein wohl fühlten, spürten sie trotzdem, daß sie dies durch das Zusammensein mit anderen Menschen augleichen mußten.

Jeder erlebt natürlich die Intensität und Nähe seiner Freundschaften auf verschiedene Art und Weise. Es kann ein recht weites Spektrum geben: Von Bekannten zu Kumpeln bis Busenfreundinnen – alle sind notwendig, um unserem Leben Farbe zu verleihen.

Die Notwendigkeit, gute Sozialkontakte zu unterhalten, wird natürlicherweise einige diesbezügliche Anstrengungen erforderlich machen. Wie Peter später in seinem Interview sagte, «...ist es nicht gut, zu Hause zu sitzen und darauf zu warten, daß jemand anklopft. Du mußt rausgehen und Dich zeigen; da hingehen, wo Menschen sind, sonst werden sie nicht wissen, daß es Dich gibt!»

Nach außen gehen bedeutet nicht, daß Sie andere Menschen ansprechen müssen. Natalie und Rupert sagten beide in ihren Interviews, daß sie im Urlaub eigentlich nicht auf andere zugehen, aber ansprechbar sind. Daher bedeutet nach außen gehen auch, daß Sie offen dafür sind, angesprochen zu werden. Das kann beispielsweise dadurch gezeigt werden, daß Sie Augenkontakt zulassen, Menschen grüßen, die Sie vorher gesehen haben, und als Zeichen des Wiedererkennens lächeln. Dies sind alles Zeichen der Offenheit, die es anderen ermöglichen, sich Ihnen zu nähern, ohne sich ihnen aufzudrängen.

Wenn Sie etwas aktiver sein wollen, können Sie einen Anhaltspunkt bei der anderen Person finden. Wenn sie ein Buch bei sich hat, können Sie einen Kontakt herstellen, indem Sie sie über das Buch befragen. Je nach Situation mag ein Gespräch entstehen und Sie sich von da an weiter entscheiden. Falls es Ihnen keine Freude macht, können Sie sich nach Beantwortung Ihrer Frage elegant wieder zurückziehen.

Was können Sie durch den Versuch verlieren? Nur Ihre eigene Angst. Die Risiken, die Sie eingehen, sind kleiner als Sie denken mögen, und die Erfolge sind beträchtlich. Sie mögen eine halbe Stunde lang ein angenehmes Gespräch führen oder einen Begleiter für Ihren Urlaub oder einen guten Freund gewinnen.

Sie können nichts falsch machen, wenn Sie nur eine halbe Stunde Gespräch erwarten und alles andere als ein zusätzliches Geschenk betrachten.

Wenn Sie damit Probleme haben, lesen Sie bitte Kapitel 6, Seite 95 ff. und Seite 103 ff.

Freude an der Arbeit

Ein anderer Punkt, in dem alle Befragten übereinstimmten, war der, zu gewährleisten, daß Sie sich eine Arbeit aussuchen, die Ihnen Freude macht. Schließlich verbringen Sie jede Woche beträchtlich viel Zeit mit ihrer Arbeit.

Das ist natürlich nicht so einfach, wie es klingt. Um eine endgültige Entscheidung zu fällen, was die richtige Arbeit für

Sie ist, müssen Sie oft viel ausprobieren. Bevor Sie feststellen können, ob Ihnen eine Arbeit gefällt, müssen Sie sie testen, und das braucht Zeit. Es gibt wenig Menschen, die eine klare Vorstellung haben, der sie vom ersten Tag an folgen können. Die meisten Menschen durchlaufen einen Prozeß der persönlichen Entwicklung über viele Jahre hinweg, bis sie an dem Punkt ihres Lebens angekommen sind, wo sie sich dessen sicher sind, was sie beruflich machen wollen, obwohl ein unterschwelliges Thema von Anfang an da gewesen sein mag.

Peter sagte, daß er, mit Ausnahme eines Mißerfolgs in einem Bürojob, immer nach Arbeiten mit Menschen Ausschau gehalten habe. Rupert strebte immer die Führerrolle an – in allem, was er tat. Valeries Entscheidung für Ihre Arbeit als Therapeutin dauerte anderseits eine lange Zeit, bis dieser klar war, da sie durch ihre Rolle als alleinerziehende Mutter zweier Kinder nach der Scheidung darin behindert war.

Wenn ein Mensch offensichtlich ein besonderes Talent hat, wird sein beruflicher Werdegang klarer als bei jemandem, der sich entweder seines Talentes nicht bewußt ist oder keine besonderen Interessen für ein bestimmtes Gebiet aufweist. Unabhängig von Ihrer Situation ist es wichtig, Ihr Potential und Ihre Möglichkeiten zu erwägen. Ich glaube ernsthaft, daß die beste Wahl immer die ist, was Ihnen am leichtesten «zufällt».

Arbeit sollte zufriedenstellend und interessant sein, Freude bereiten und sich für Sie natürlich anfühlen. Natürlich kann kein Arbeitsplatz immer alles das zusammen bieten, aber Sie können sich bestimmt danach umsehen, welche Arbeit die meisten dieser Kriterien erfüllt. Wenn Sie sich umzuschauen beginnen, sind Sie schon auf dem halbem Weg zu Ihrem Ziel.

Erinnern Sie sich, was Sie als Kind sein wollten? Oftmals geben uns diese Kinderträume Hinweise auf unsere Bestimmungen. Wie Natalie in dem Interview sagte, brauchen Sie Vorstellungskraft, um Ihre Ziele im Leben zu erreichen: Wir müssen das Ziel klar vor unserem inneren Auge sehen, so daß es erreicht werden kann, und darin sind Kinder sehr gut. Sie *spielen* Lehrer, weil sie sich in ihrer Vorstellung wie einen Lehrer *sehen*.

Verbringen Sie einige Zeit damit, sich durch den Kopf gehen zu lassen, was Sie für den Rest Ihres beruflichen Arbeitslebens tun möchten. Wenn Sie glücklich mit dem sind, was Sie tun, dann ist das großartig. Wenn nicht, dann verändern Sie es. Wenn Sie Hilfe brauchen, um das erreichen zu können, lesen Sie Kapitel 6, Seite 126 ff.

Unternehmenslustig sein

Eine neue Handlung ist etwas, das Sie ins große Unbekannte führt, in etwas, das außerhalb Ihres jetzigen Erfahrungsbereiches liegt. Wir brauchen alle eine bestimmte Menge von Unternehmungsgeist, um zu wachsen und unser wahres Potential zu entfalten.

In Sicherheit leben hat einen großen Nachteil – es ist langweilig. Nach und nach werden Sie phlegmatisch, und schlimmstenfalls fühlen Sie sich gelangweilt. Um Ihr Leben wieder interessant zu machen, müssen Sie bestimmte Risiken eingehen. Diese müssen nicht groß sein. Sie können einfach sein. Etwas Neues ausprobieren, etwas, das für Sie ungewöhnlich ist: Kaufen Sie eine andere Zeitung, hören Sie einen anderen Radiosender, lauschen Sie eine Zeitlang klassischer Musik statt Popmusik. Erfolgreiche Singles gehen immer wieder neue Projekte an.

Von den vier Befragten in diesem Buch sind drei selbständig. Das ist nur eine andere Möglichkeit, unternehmensfreudig zu sein, hier in beruflicher Hinsicht. Das kann auch für eine Arbeit gelten, bei der man angestellt ist, wie wir in Peters Fall sehen. Er ist innerhalb seiner Arbeit risikofreudig. Peter hat sich eine Arbeit ausgesucht, die durch die Verschiedenartigkeit der Menschen und Situationen, auf die er während des Tages trifft, belebt wird. Das gewährleistet eine Herausforderung, die das Interesse an seiner Tätigkeit aufrechterhält. Was die Selbständigen anbelangt, so bezieht Natalie ihre Freude aus der Tatsache, daß sie ihr eigener Boss ist und mehr oder weniger so viele Stunden und Tage arbeitet, wie sie es möchte. Valerie genießt die Herausforderung, ihren Klienten zu helfen, daß sie besser mit ihrem Leben umgehen können. Dabei muß sie flexibel und einfallsreich sein. Rupert ist bestrebt, sein eigenes Unternehmen mit dem Ziel (so versichert er mir) bis zu seiner maximalen Kapazität aufzubauen, auszuweiten und zu diversifizieren, um außerordentlich reich zu werden.

Alle vier Menschen haben eines gemeinsam – sie suchen aktiv danach, ihr eigenes Glücksgefühl zu fördern. Sie sind motiviert, ihre Ziele zu erreichen und darüber im klaren, was sie wollen.

Wenn Sie das Gefühl haben, daran arbeiten zu müssen, lesen Sie Kapitel 6, Seite 124 ff. noch einmal.

Positives Denken

Alle vier Befragten betonen einen vorherrschenden Charakterzug, den des Optimismus. Sie erwarten vom Leben, daß es interessant ist, daß sie belohnt werden und das Gute gleich um die Ecke wartet. Besonders Rupert zeigte, wie machtvoll positives Denken ist, speziell in Zeiten, wo man scheinbar wenig Grund zum Optimismus hat.

Positiv Denken heißt nicht, daß Sie alles nur noch durch die rosarote Brille sehen oder immer bester Laune sind. Es wäre dumm, zu erwarten, ohne Hindernisse und Probleme durchs Leben gehen zu können. An letzterem können Sie nichts ändern, aber sicherlich daran, wie Sie mit diesen Situationen umgehen. Mit einer positiven Einstellung werden Sie sich mit sich selbst besser fühlen und deswegen besser mit problematischen Situationen umgehen können. Die Techniken des positiven Denkens sind detailliert in meinem Buch «Positive Thinking» beschrieben.

Es mag den Anschein haben, daß Natalie, Peter, Valerie und Rupert Naturtalente sind. Aber Sie müssen es nicht sein – es ist etwas, was nebenbei gelernt werden kann. Valerie scheint eine angeborene positive Veranlagung zu haben, wenn man ihre Kindheitserinnerungen anschaut, «. . . immerzu Menschen in der Warteschlange des Busses anzusprechen . . .» und frohen Herzens zu erwarten, eine interessante Unterhaltung mit irgend jemandem zu haben. Peter scheint diese Fähigkeit im Laufe seines Lebens erworben zu haben. Er sagte mir, er wäre in der Schule übergewichtig gewesen und deswegen gehänselt worden. Dies hat ihm ziemlich lange Sorgen bereitet, bis er beschloß, sich nicht mehr davon stören zu lassen. Er nahm die Einstellung an, daß Menschen ihn so mögen müßten, wie er ist, wenn sie seine Freunde sein wollten. Nachdem er sich zu dieser Ansicht durchgerungen hatte, wurde er sein Unbehagen los – und einige Pfunde.

Einige Menschen sind mit einer positiven Einstellung geboren, andere nehmen sie später an. Wenn es nicht Ihr natürliches Wesen ist, so verzweifeln Sie nicht – Optimismus können Sie lernen, genauso wie Schwimmen, Tanzen oder Radfahren. Sich diese Fertigkeit anzueignen ist wichtig, weil Sie sich glücklicher damit fühlen. Als Folge dessen werden sich andere Menschen mit Ihnen wohler fühlen, und jeder hat aufgrund dessen eine schönere Zeit.

Falls es Ihnen Mühe bereitet, optimistisch zu sein, richten Sie Ihre Aufmerksamkeit auf Kapitel 6, Seite 79 ff. oder lesen Sie mein Buch über positives Denken.

Hören Sie damit auf,
immer vernünftig zu sein!
Haben Sie Spaß!
Bringen Sie wieder Magie in Ihr Leben!

Ulrike Dahm / Erich Keller
Sei Dein
bester
Freund
«Ohne oberflächlich zu sein,
liest sich das Buch mit
bestechender Leichtigkeit»
(Tushita Jeanmaire in «Spuren»)
Wegweiser zur Selbstliebe
fischer